Kalender der Göttin

Shakti Morgane

Kalender der Göttin

Das Übel weicht vor dem zurück, der die Sonne im Herzen hat.

Kalender der Göttin
neu überarbeitete Auflage 2016
© 2005 Christiane Hausmann
ISBN: 9783741210693
Herstellung und Verlag: BoD - Books on Demand, Norderstedt
ISBN ebook: 9783739315300
Autorin: www.shaktimorgane.jimdo.com
Titelbild: Acrylmalerei der Künstlerin Margo

Die Ratschläge sind von der Autorin sorgfältig geprüft, dennoch kann eine Garantie nicht übernommen werden. Eine Haftung der Autorin für Personen-, Sach- und Vermögensschäden ist ausgeschlossen.

Inhaltsverzeichnis

	Seite
Wirken mit Magie	6
Göttinnen-Orakel	15
Magischer Kreistanz	29
Weiße Magie	33
MA'AT	38
Die Macht der ‚inneren Entscheidung' – der ‚innere Raum'	43
Schwarze Magie	46
Umwandlungszauber bei Kenntnis der Ursache	50
Umwandlungszauber ohne Kenntnis der Ursache	53
Des Menschen Wille ...	58
Finde deine Mitte	62
Gaia – oder: Die Kraft der heimatlichen Erde	63
Die Bedeutung der Träume	65
'Das Tor zur Unterwelt' oder 'An AMMUT vorbei ins Licht'	69
Die Große Göttin führt mich durch die Unterwelt	75
Nachwort	81
Anhang	82
Literatur	114

Wirken mit Magie

„Magie heißt mit psychischer Kraft Veränderungen zu bewirken, deshalb besteht ein Teil der Lehrzeit einer Hexe darin, psychische Energie fließen zu lassen und gezielt einzusetzen." (Singer, S.120)
Wobei ich davon ausgehe, dass es hierbei um die Umwandlung negativer emotionaler Zustände geht. Grundvoraussetzung hierzu ist die Benutzung des zu einem gehörenden Schattens. Wer Angst vor seinem Schatten hat, der sollte diese Angst selbst als Schatten betrachten und diese negative psychische Energie zur Ver- (Um-)wandlung benutzen oder auf den Einsatz eigener Magie verzichten und braucht dann nicht weiter zu lesen. Man vergewissere sich auch, dass die negativen psychischen Energien keine physischen Ursachen haben, dann beginne man mit der Umwandlung. Notwendig zur Verwandlung von Schatten sind die Fähigkeit zur Meditation / Visualisierung, zur Änderung der ‚inneren Entscheidung' (verschieben des Montagepunktes, Castaneda) und zur Wahrnehmung der Intuition (Eingebung). Der verwandelte Schatten ändert die Realität, denn entscheidend ist die Wirkung im Feinstofflichen.
Im ursprünglichen Fruchtbarkeitskult zur Zeit des Matriarchats wollte die Schamanin, Medizinfrau die Natur beeinflussen, um für Nahrung, Heilung und Nachkommen zu sorgen. Der ‚primitive' Magier / die ‚primitive' Medizinfrau beeinflussten durch sogenannte Sympathie-, Analog- und Kontaktmagie die Umgebung mit einem nach ihren Wünschen veränderten Abbild der Realität zusammen mit dem ausgesprochenen Befehl (Zauberspruch) an die Umgebung, sich diesem Abbild anzupassen. Insofern der Zauber wirkte, wurde Macht ausgeübt. Ebenso wirken heute mittels Kunst und Werbung in den Medien von allen Seiten via Bild und Ton veränderte Abbilder der Realität auf uns ein, um unser Handeln, Wünschen und Wollen im fremden Interesse zu lenken. Im

fremden Interesse gelenkt zu werden, blockiert die Kreativität, es sei denn, man wird im Einklang mit der Schöpfungskraft gelenkt. Derartige ‚schwarze Magie' kann man nur entgehen, indem man selbst ein Magier wird und selbst ein im eigenen Interesse verändertes Abbild der Realität konstruiert. Dabei ist einzig die Magie, die im Einklang mit der Schöpfungskraft wirkt, in der Lage, negative in positive Energie zu verwandeln.

Ich will deshalb dieses Buch als ein in meinem Sinne verändertes Abbild der Realität begreifen und es der Großen Göttin weihen, um im Einklang mit der Schöpfungskraft zu wirken.

Der Kalender im Anhang ist als Dauerkalender konzipiert, mit den alten Festen des Jahreskreises im Mittelpunkt, so dass das Verwandeln innerhalb der Natur in unser Blickfeld gerät und auch wir das Leben zunehmend als magischen Vorgang erleben können, der Verborgenes enthüllt und Visionen (Träume) erfüllt. ‚Das Samenkorn träumt den Baum' sagen die Aborigines und offenbaren uns eine neue Sichtweise der Realität, die mit der Wunscherfüllung einhergeht. Um Visionen wahr werden zu lassen, müssen wir aber z.B. mit Hilfe des Rituals, unsere Aufmerksamkeit zurück erobern und einen Zauber wirken. Grundvoraussetzung ist zuallererst, sich zu entspannen. Dabei hilft unter anderem Meditation. Ist man aber entspannt, gehört einem die Welt, denn man ist im Gleichgewicht mit der Schöpfungskraft (Kreativität / Magie). Die Schöpfungskraft ist durchdringend, sie durchdringt sowohl jeden einzelnen als auch den Kosmos. Aus ihrer Substanz ist das ganze Universum. Die Schöpfungskraft wird je nach Lebenssituation von uns individuell unterschiedlich erlebt, z.B. positiv als Freude, Schwung, Ekstase, Licht oder auch sexuelle Energie, oder negativ als Frustration, Wut, Langeweile, Trauer, Sorgen, Angst, Ohnmacht, Gefühl von Ausgeliefertsein, Kraftlosigkeit, Resignation, Depression und muss von uns gelenkt werden.

Meditation, Intuition und ggf. das Ändern der ‚inneren Einstellung' helfen, die Energie im Sinne der Großen Göttin zu

lenken. Wenn der Zauber tatsächlich wirkt, dann deswegen, weil wir den Schatten verwandeln. Die Verspannung, die Spannung, die dunkle Energie, der Schatten auf unserer Seele wird von uns bewusst in heilende helle Energie, in das Licht der Göttin verwandelt. So gehen wir den Weg zum göttlichen Funken in uns. Der Weg verläuft in Richtung Selbstwerdung und man muss dabei zunehmend lernen, die Kräfte, die man rief, einzusetzen. Hinweise hierzu finden sich in der Ur-Religion der Großen Göttin. In dieser Religion werden die Naturkräfte von Erde, Mensch und Kosmos zur Herstellung von Harmonie (Gleichgewicht / Ausgleich) benutzt. Um ‚weiße Magie' zu wirken, kommen wir daher nicht umhin, die Gleichgewichtsverhältnisse zu berücksichtigen. Da Energie der Aufmerksamkeit folgt, müssen wir, um den Bann der existierenden Dinge zu brechen, die Aufmerksamkeit auf die abwesenden Dinge richten, z.B. die Dinge, die in unserer Kultur keine Rolle spielen, wie die eben erwähnte Ur-Religion der Großen Göttin, und die Dinge, die in unserem persönlichen Leben keine Rolle spielen, aber von uns herbeigesehnt werden. Da in der Natur und im Kosmos alle Dinge dem Gesetz des Werdens und Vergehens unterliegen, sind die abwesenden Dinge schon wieder im Werden begriffen, ihre Kräfte wachsen, während die anwesenden Dinge dem Vergehen unterliegen. Wenn wir die Aufmerksamkeit auf die für uns abwesenden Dinge richten, sind wir im Einklang mit der Kraft die ausgleicht und unterstützen diese gleichzeitig zusätzlich mit unserer eigenen Energie. Derart können wir im Einklang mit der Schöpfungskraft wirken und somit weiße Magie betreiben.
In diesem Buch habe ich einige Göttinnen vorgestellt und mit Tipps zur Energielenkung verbunden, die jeder einfach für sich nutzen kann, indem man sich selbst nach dem Vorbild der Runen-Steine ein **Göttinnen-Orakel** bastelt:

Suche dir etwa 13 gleich große Kieselsteine, schreibe auf jeden Stein mit einem geeigneten Stift die Anfangsbuchstaben der jeweiligen Göttin. Nähe dir einen kleinen Beutel für alle deine Göttinnen-Steine. Wann immer du dich schlecht fühlst und eine Energieumwandlung brauchst, greife mit der linken Hand in dein Säckchen und nimm einen Stein heraus. Schlage hier im Buch die Seite der entsprechenden Göttin auf und folge, wenn nötig, den Tipps zur Energieumwandlung. Auf diese Weise hast du an jedem Tag im Jahr den Rat der Göttin für dich zur Hand.

Jahreskreisfeste zu Ehren des göttlichen Lichts:
Das Jahr der Göttin beginnt, wie auch in vielen orientalischen Kulturen, im Frühling, und ein Kalender der Göttin richtet sich nach dem Mond. Im Jahr finden 13 Vollmonde statt und daher treten 13 Göttinnen jeweils zu Neumond nacheinander im Jahresverlauf auf. 13 Göttinnen (z.B. Aphrodite, Astarte, Ostara, Tiamat, Diana, Maja, Freya, Pele, Ix Chel, die dreigestaltige Mondgöttin, die Vilas, Isis, Baubo) bedeuten 13 Aspekte der Großen Göttin, denn alle Göttinnen sind eine Göttin. Deshalb ist es egal mit welcher Göttin wir beim ersten Neumond des Jahres den Reigen beginnen lassen. Ebenso gut kann man für den Jahresverlauf aus den unzähligen Göttinnen dieser Erde 13 andere Göttinnen auswählen. Wesentlich sinnvoller ist es deshalb, dem Naturkreislauf der Jahreszeiten entsprechend alter Tradition zu folgen, wonach die Göttin die Nacht regiert (Mond) und der Gott den Tag (Sonne), und beide ‚Himmelslampen' in Interaktion miteinander auf der Erde den Wechsel der Jahreszeiten und das Werden und Vergehen in der Natur bewirken. So beeinflusst der Mond beispielsweise unseren Biorhythmus.

Der Sonnenlauf im Jahresrad der Ur-Religion der Großen

Göttin, aus der Zeit der Megalith-Kulturen, findet sich im Hexen-Glauben wieder, als man die Natur stellvertretend durch das Weibliche verehrte:

Göttin, Gott und Schöpfungskraft ruhen gemeinsam bevor die (Ver)Wandlung beginnt. Dann wird Er (das Licht) geboren und seine Geburt wird gefeiert (Wintersonnenwende). Er wächst und gedeiht: das wird Anfang Februar festlich begangen. Um den 21. März tanzt Er mit der Göttin in ihrem Jungfrauen-Aspekt. Anfang Mai wird die Hochzeit von Göttin und Gott gefeiert, und zur Sommersonnenwende findet die Vereinigung ein letztes Mal statt vor der erneuten (Ver)Wandlung, denn diese Vereinigung beinhaltet Abschied, Trennung, Tod. Betrauert wird Er Anfang August. Jedoch ist Er in den Schoß der Göttin zurückgekehrt und regeneriert sich dort selbst. (Herbst Tag- u. Nachtgleiche). Anfang November befindet Er sich in der Unterwelt und begegnet den Seelen der Verstorbenen, die hier wieder jung werden und auf die Wiedergeburt warten. Er öffnet die Tore zur Wiedergeburt und herrscht über die Traumwelt, während auch Er sich erneut verwandelt und wieder geboren wird (Wintersonnenwende). Dann beginnt der Kreislauf von neuem.

Die Feste zu Ehren des göttlichen Lichts sind die Frühlingsfeste: Ostara (21. März) und Beltane (1. Mai), die Sommerfeste heißen Litha (21. Juni) und Lammas (1. August), die Herbstfeste heißen Mabon (21. September) und Samhain (1. November) und die Winterfeste heißen Jul (21. Dezember) und Imbolc (1. Februar). Die Nächte vor diesen Festen gehören zu den 12 heiligen Nächten des Jahres, an denen man den Göttern besonders nahe ist. Zusätzlich zählt man die Nacht auf Ostern, die Nacht nach Heiligabend und vor den ‚Hl. Drei Königen' (6. Januar), und die Johannisnacht (24. Juni) in der Mitte des Sommers dazu.

An **Jul** geht es darum, die eigene Magie zu entfalten, indem wir mitten in der Finsternis ein Licht anzünden. Das ist durchaus im übertragenen Sinne gemeint. Denn es geht darum, uns von alten Vorurteilen und Ängste zu trennen, um uns für positive Energien und göttliche Inspirationen zu öffnen, die zu bemerken wir gewöhnlich durch unsere Blockierungen gehindert werden. Indem wir symbolisch ein Licht anzünden, bitten wir die göttliche Kraft, dass sie uns hilft, unsere uns einschränkenden Gedanken los zulassen, damit wir erneut fähig werden, die Chancen in unserem Leben erkennen und ergreifen zu können.

An **Imbolc** geht es darum, den Zustand der eigenen Lebenskraft zu spüren. Es geht darum, körperlich fühlbares Gleichgewicht zu erlangen und in sich selbst, in der eigenen Potenz, zu ruhen. Zu diesem Zweck müssen wir unsere Lebensumstände bedingungslos akzeptieren, um den Segen unserer Ahnen zu erhalten. Denn der Segen unserer Ahnen ist die Voraussetzung für Gelassenheit und innere Ruhe. Die Göttin zeigt uns den Zustand unserer Lebenskraft in unseren Träumen, in denen sie uns mit unseren Ahnen verbindet.

An **Ostara** geht es um die Grundlagen unserer Existenz, um unsere Gesundheit. Denn ohne Gesundheit ist alles nichts. Zu diesem Zweck müssen wir die Richtung der Kraft des Ausgleichs wahrnehmen, indem wir die Gegenkraft berücksichtigen. Symbolisch verbinden wir dazu im Ritual Feuer und Wasser und bitten um den Beistand des Sonnengottes. Wenn er uns hilft, werden wir von Leiden und Not befreit.

An **Beltane** geht es um Reichtum in jeder Hinsicht. Dazu müssen wir unseren inneren Kern zutage fördern, wir müssen authentisch sein, indem wir das wahrnehmen und ausdrücken was wir wirklich wollen. Zu diesem Zweck stellen wir die Verbindung zwischen unserem höheren und niederen Selbst her, indem wir allen vergeben, die uns verletzt haben und ebenso uns selbst. Dadurch, dass wir uns selbst vergeben, nehmen wir uns so an wie wir sind und Freude kann in uns aufsteigen.

An **Litha** geht es um den Respekt, der uns zusteht, um unsere Wirkung und Strahlkraft nach außen. Jetzt sind die Lichtverhältnisse des Jahres ebenfalls auf dem Höhepunkt ihrer Strahlkraft. Es gibt den Brauch, in der Mitte des Sommers zwecks Anrufung des Göttlichen über offenes Feuer zu springen, um den Beistand der göttlichen Kraft als Unterstützung für die Durchsetzung eigener Ziele im Leben zu erhalten.

An **Lammas** geht es um unser Herz, um die Liebe. Es geht darum, unsere Beziehungen zu klären und im Gleichgewicht mit dem Partner zu sein, um Ordnung in familiäre Verhältnisse zu bringen. Oder es geht darum, überhaupt erst einen Partner zu finden. Da die Liebe eine Himmelsmacht ist, bitten wir die Göttin um Beistand in Liebesdingen.

An **Mabon** geht es bei zunehmender Dunkelheit darum, die Schatten / Schwere zu transformieren, um wieder leichtfüßig durchs Leben gehen zu können. Unser Bewusstsein hilft uns bei der Umwandlung negativer Gefühle. Darum stärken wir unser Bewusstsein, indem wir unsere Träume notieren und die Göttin bitten, uns bei der Deutung zu helfen.

An **Samhain** geht es vollends um die Fähigkeit, die Gefühlswelt zu benutzen und Energien zu lenken. Das ist das wichtigste Fest im Jahresverlauf, da die Grenze zwischen Diesseits und Jenseits brüchig ist, und wir nun, mithilfe der Göttin das Paradies in der Unterwelt wieder herstellen können, um unsere Wünsche zu erfüllen.

Hier einige Vorschläge die 8 Jahresfeste festlich zu begehen:

Lösche an *Jul* zur Wiedergeburt des Sonnengottes in Haus und Hof symbolisch einmal alle Lichter und zünde sie wieder neu an. Programmiere deinen Geist auf Erfolgskurs, indem du, nach Prioritäten geordnet, alle Dinge aufschreibst, die du vom Leben erwartest. Falte den Zettel in der Mitte und rolle ihn zusammen. Nimm ein rotes Band und binde ihn zusammen. Mache dir ein Jul-Büschel aus Pflanzen wie Mistel, Stechpalme, Tannen-zweige, Zeder, Salbei, Wacholder, Rosmarin, Pinie oder Efeu und schmücke ihn mit Nüssen und Strohschmuck und hänge deinen Zettel daran. Benutze zusätzlich ätherische Öle dieser Pflanzen in deiner Aromalampe. Lasse Kerzen brennen und beschenke deine

Lieben mit selbst gebackenen Keksen oder Kuchen. Nach Jul verwahre deinen Zettel an einem sicheren Ort. Sieh ab und zu nach, um dich daran zu erinnern, was du vom Leben willst.

An *Imbolc*, dem Lichtfest der jungen Göttin, brennt in der Nacht zuvor die ganze Nacht lang eine Kerze. Zur Umwandlung negativer Energien begib dich in eine Bauchtanzmeditation, rufe die Göttin Brigida an und bitte um ihren Schutz und Führung. (Im Rahmen eines Lichtrituals tanze einen Leuchtertanz.)

Rufe an *Ostara* den Sonnengott wenn du allein und ungestört bist: Nimm eine kleine Kristallschale, fülle sie halb voll Wasser und zünde eine Schwimmkerze an. Setze dich in bequemer Haltung davor, ohne die Augen zu schließen. Nun singe das Mantra „Om-Tryambakam". Wenn du Glück hast, erscheint vor deinem inneren Auge der Sonnengott in Gestalt einer Flamme und du wirst von Leiden und Not befreit.

Mache eine Woche vor *Beltane* ‚reinen Tisch', indem du alle Verfehlungen aufschreibst und dich evtl. bei denen entschuldigst, die du verletzt hast. Vergib allen, die dich verletzt haben. Vor allem aber vergib dir selbst. Verbrenne den Zettel an Beltane im ‚magischen Kreis'.
Die Nacht zum 1. Mai soll man durchfeiern und durchtanzen. Wenn du allein und ungestört bist, lege dir eine mindestens 5 min. Bauchtanz-Trommel-Musik auf. Tanze und versenke dich immer tiefer in den Rhythmus. Denke an gar nichts. Wenn du Glück hast, steigt das Bild desjenigen in dir hoch, den du liebst bzw. der dich liebt.

Ziehe eine Woche vor *Litha* Bilanz. Schreibe auf einen Zettel alle Dinge, Gewohnheiten und Menschen, die dich belasten oder dir schaden. Nimm in Gedanken Abschied von ihnen. Verbrenne den Zettel an Litha im ‚magischen Kreis'.

Wenn du ungestört bist, zünde an *Lammas* eine Kerze in deiner Aromalampe an und schütte einige Tropfen ätherisches

Grapefruit-Öl hinein. Warte bis sich der Duft im Raum ausbreitet. Denke an Gaia und wenn du ihre Anwesenheit spürst, danke ihr für das Gute in deinem Leben. Sage ihr, wen oder was du dir besonders sehnlichst wünschst, weil du es nötig brauchst und bitte sie um einen Hinweis für dein Gleichgewicht.

Zünde an *Mabon* eine Kerze an und denke an Hathor, Kali, Io oder Hekate. Sollte in den nächsten Tagen durch Zufall ein Blatt im Wind auf dich zu tanzen, fange es und Hathor hilft dir im ‚Dunkeln' zu sehen. Achte daher in den darauf folgenden Nächten auf deine Träume. Die Göttin zeigt dir das Neue, das auf dich zukommt.

An *Samhain* reicht das Jenseits weit in das Diesseits hinein. Jetzt ist der Zeitpunkt, an dem man im Traum seinen Ahnen begegnen und um Rat fragen kann. Sollte ein verstorbener Verwandter dir zuwinken, dann schüttele den Kopf und wende dich ab. Das bedeutet, dass du noch nicht zu ihm hinüber willst. Wenn du Single bist, suche dir einen Partner. Nimm einen Rosenquarz, weihe ihn der Großen Göttin und trage ihn als Glücksstein in deiner Tasche.

Aus 8 Esbat (Jahresfeste) und 13 Sabbate (Vollmondfeste) ergeben sich 21 Tage im Jahr mit unterschiedlicher Energiequalität, an denen wir den Göttern besonders nahe sind. Das Große Arkanum des Tarot enthält ebenfalls 21 Arkana[1] mit unterschiedlicher Energiequalität, weshalb ich in diesem Buch auch das Tarot mit einbeziehe.
Verbinde dich immer, wenn Vollmond ist, in einem Vollmondritual (siehe Anhang) mit der Göttin und formuliere deine Wünsche.

---

[1] Die 22 Karte 'Narr' hat die Zahl 0 und wird daher hierbei nicht berücksichtigt.

15

Göttinnen-Orakel

Aphrodite – ist wie Venus und Hathor die Göttin der Liebe, der Schönheit und des Schicksals. Sofern zwei Seelenpartner zur gleichen Zeit auf diesem Planeten weilen, werden sie unweigerlich zusammen finden, wenn einer von ihnen Aphrodite anruft. Aphrodite rät dir, dich zu fragen, in welche Partnerschaftskonstellation du hinein geraten bist. Welche Rolle musst du spielen, um die Familie zu komplettieren? Spielst du die Rolle der Mutter / des Vaters oder der Tochter / des Sohnes deines / r Partners / Partnerin? Falsche Verbindungen bestehen in Rollenzuweisungen, die einen Menschen auf Dauer einengen und darum die Beziehung immer wieder scheitern lassen. - Alle Hindernisse werden überwunden, denn die Liebe ist die stärkste Kraft der Veränderung auf Erden. Aphrodite lässt die Schwierigkeit in deiner Beziehung bald vorüber gehen.

Energieumwandlung
Mondhörner und Sonnenscheibe auf dem Kopf der Göttin Hathor erinnern uns an das Gesetz der Metamorphose der Gegensätze in ihr Gegenteil. Rufe Aphrodite und bitte um Verwandlung. Das Mittel der Wahl zur Anrufung der Göttin ist in der Zeit des Matriarchats überall auf der Welt der Tanz. Stelle dir dein Göttinnenbild oder -skulptur an einen geeigneten Platz in deinem Zimmer auf, ziehe den magischen Kreis groß genug um dich herum, damit du darin tanzen kannst. Dann tanze mit dem Gesicht der Göttin zugewandt deinen Bauchtanz. **Wenn dich falsche Verbindungen einengen**, wandelst du die daraus entstehende negative Energie um, indem du deine Aufmerksamkeit auf die Spannung in deinem Körper lenkst und viele Kreise und Achten tanzt. Alternativ zum Tanz kannst du mit der Heilfarbe *dunkelblau* meditieren, aus den Heilsteinen *Sodalit, Lapislazuli, Saphir, Bergkristall* einen Begleiter für den Tag wählen und deine Nase mit einem ätherischen Öl der Sorte: *Rosmarinöl, Immortellenöl, Thymianöl* verwöhnen **(in der Aromalampe!)**.

Astarte – ist eine hebräische und kanaanitische Göttin. Astarte, die Große Göttin, die Himmelskönigin wie Ishtar, Nut, Kali und viele andere, bewacht deinen Schlaf. Astarte rät dir, nicht an allem Höheren zu zweifeln, selbst wenn die Dinge gerade nicht so laufen wie du es möchtest. Schaue zum Sternenzelt und suche deinen Stern. Die Sterne sind deine Freunde und einer von ihnen strahlt nur für dich. Finde deinen Stern und formuliere deine Wünsche. Sprich sie laut aus und rufe nach Astarte. Augenblicklich wird Astarte dein Sehnen stillen und was du wünschst, das kannst du leicht erhalten. Achte in nächster Zeit auf sichtbare Manifestationen deiner Wünsche. Wenn es keine offensichtlichen Antworten für dich gibt, dann vertraue auf das Nicht-Wissen, vertraue darauf, dass du innerlich geführt und äußerlich beschützt wirst.

Energieumwandlung
Für den Fall, dass du orientierungslos und verunsichert bist und mit der Realität keinen Kontakt mehr hast, wandele diese negative Energie um, indem du deine Aufmerksamkeit auf die Dämmerung, die Trennung zwischen den Welten, richtest, um das Mysterium deiner Existenz zu spüren und mit der Heilfarbe - *braun* meditierst; nutze als Aromatherapie - *Vetiver, Patschuli, Zeder*; wähle als Begleiter aus den Heilsteinen - *roter Jaspis, Tigerauge, Hämatit*;
Alternativ: tanze einen Bauchtanz - tanze besonders Kombinationen der Bauch-, Hüft-, Beckenbewegungen miteinander und mit Schritten.
Du solltest dich hinterher deutlich besser fühlen und deine Energie sollte zurück gekehrt sein.

Baubo - die griechische Göttin der ‚heiligen Sexualität', die aus dem Bauch kommt, ist wie Sheela-na-Gig, die irische Göttin, darauf aus, dich an dein persönliches Glück und ‚das nötige Feuer unter dem Kessel', das du für deine Gesundheit brauchst, zu erinnern. Baubo kennt die Wahrheit deiner sexuellen Gelüste. Deshalb macht sie sich lustig über dich. Respektlos entlarvt sie deine Begierden, die hinter deinem ‚Getue' stecken. Um deine Depressionen oder das ‚Theater deiner Inszenierungen' los zu werden, lass dir von Baubo den Spiegel vorhalten und dich auslachen. Du musst einfach auf deine Vagina, deinen Bauch, dein Gesäß und deine Brüste hören, dann weißt du wo deine Mitte ist. Höre die Trommel, tanze einen Bauchtanz und lache über dich.

Energieumwandlung

Jeder trägt die Verantwortung für seine spirituelle Entwicklung selbst. Wobei jeder zweimal lebt, einmal bei Tag und einmal bei Nacht. Mondhörner und Sonnenscheibe auf dem Kopf der Göttin Hathor erinnern uns an die Metamorphose der Gegensätze in ihr Gegenteil. **Wenn für das persönliche Glück das nötige ‚Feuer unter dem Kessel' fehlt, weil man nicht weiß, was man will, oder wenn der / die, auf den/ die man wartet, einen ‚sitzen lässt',** *dann wandle man diese negative Energie um.*

Nutze die Dämmerung, die Trennung zwischen den Welten, um das Mysterium deiner Existenz zu spüren und meditiere mit der Heilfarbe - orange; wähle als Begleiter aus den Heilsteinen – Karneol, Mondstein; nutze als Aromatherapie – Sandelöl oder Rosenöl oder Jasminöl oder Ylang-Ylang; tanze einen Bauchtanz – besonders Shimmy in allen Variationen (Hüften und Schulter), auch kombiniert mit Beckenwellen, Kreisen, Brustkorbwellen, Schlangenarmen etc., zwischendurch Pendel und Kippen der Hüften. Du solltest dich hinterher deutlich besser fühlen und deine Energie sollte zurück gekehrt sein.

Diana - die römische Göttin, heißt bei den Griechen Artemis. Sie heißt auch Rhiannon und ist die walisische Göttin der Anderswelt. Diana schützt die Wildnis und den Wald. Sie jagt mit Pfeil und Bogen und sie wohnt im Baum des Lebens. Gestatte dir geistige Höhenflüge und verscheuche die Stimme deiner kritischen Instanz. Plage dich nicht mit Selbstzweifeln und Neid. Diana sagt dir, du bist du und genauso viel wert wie andere. Wenn du glaubst, dass du nicht genug tust oder hast, dann nur deshalb, weil du Dianas Macht noch nicht kennst. Dianas Macht hilft dir bei der Änderung der 'inneren Einstellung'. Dadurch schenkt dir die Göttin die Macht, dich selbst zu versorgen und nicht darauf zu hören, was andere über dich sagen.

Energieumwandlung

Mondhörner und Sonnenscheibe auf dem Kopf der Göttin Hathor erinnern uns an das Gesetz der Metamorphose der Gegensätze in ihr Gegenteil. **Wenn man mit sich selber unzufrieden ist, weil man nicht weiter kommt und nichts voran geht**, *dann wandelt man diese negative Energie um:*
Nutze die Dämmerung, die Trennung zwischen den Welten, um das Mysterium deiner Existenz zu spüren und meditiere mit der Heilfarbe - gelb; wähle einen Begleiter aus den Heilsteinen - Citrin, Bernstein, Tigerauge, Peridot; nutze als Aromatherapie – Bergamotte oder Orange oder Grapefruit; Alternativ: tanze einen Bauchtanz - besonders vertikale Bewegungen und innerkörperliche Bewegungen, die das Zwerchfell und die Bauchdecke beanspruchen wie z.B. Bauchrollen und -flattern, Kamelgang, vertikale Brustkorbwellen etc.
Du solltest dich hinterher deutlich besser fühlen und deine Energie sollte zurück gekehrt sein.

Die dreigestaltige Mondgöttin – ist eine Göttin aus Libyen. Sie ist maha shakti – die weibliche Energie schlechthin. Die weibliche Schöpferkraft regt sich in dir und will, dass du sie zur Kenntnis nimmst! Kannst du Verhalten wie Menschenscheu, Schuldzuweisung, Kritik und Wertung, Wut und Hass, Verwirrung, Sucht, Jammern, Abwehrhaltung, Rechtfertigung, Hyperaktivität, Geschäftigkeit, Überheblichkeit, Ablenkbarkeit, Leugnen usw. an dir beobachten? Sehnst du dich verzweifelt nach Anerkennung? Wovor flüchtest du? Wer oder was stoppt dich ab? Blockierungen können sich bei hormonellen Schwankungen in **schwarze Schatten** verwandeln. Dann fühlst du dich als wärst du in einer Welle emotionalen Aufruhrs gefangen und siehst keinen Ausweg mehr. Dabei sind es nur die schmerzhaften Gefühle einer (alten) Ungerechtigkeit, die da hervortreten. Die dreigestaltige Göttin rät dir, dich an dich selbst zu erinnern. Akzeptiere deine Energie. Sie heißt Schmerz, sie heißt Wut und ist nur die Kehrseite von Lust, Kreativität und Freude. Wenn du sie zur Kenntnis nimmst, kann sie sich jederzeit in ihr Gegenteil verwandeln. Und das brauchst du, um dich weiter zu entwickeln und zu wachsen.

Energieumwandlung
Wenn du ungerecht behandelt wirst (oder wurdest) und deine Bedürfnisse nicht befriedigt werden (wurden), dann wandele diese negative Energie um: Nutze die Dämmerung, die Trennung zwischen den Welten, um das Mysterium deiner Existenz zu spüren und meditiere mit der Heilfarbe – rot; wähle als Begleiter aus den Heilsteinen – Rubin, Granat, Hämatit, roter Jaspis, Tigerauge; wähle als Aromtherapie aus den Ölen – Myrrhe, Vetiver, Weihrauch; tanze einen Bauchtanz – besonders Kombinationen der kraftvollen Bauch-, Hüft-, Beckenbewegungen untereinander (wie z.B. Kippen in der Acht nach außen; Drop/Schritt – Schwung/Schritt etc.).

Freya ist bei den nordischen Völkern die Hüterin der ‚heiligen Erotik' und Sexualität. Bei den Hindus hat Nagini - die vedische Schlangengöttin, diese Funktion. Freya verhilft dir zu Gleichgewicht in deiner sexuellen Beziehung. Über Jahre hinweg überhaupt keine Sexualität zu haben, ist genauso tragisch wie übertriebene sexuelle Ausschweifungen. Nur das richtige Maß ist gesund. Denn die Sexualität ist ein scharfes Schwert, das zwischen ‚Diesseits' und ‚Jenseits' trennt. Freya sagt dir, dass es wichtig ist, in deiner sexuellen Beziehung die Balance zu finden. Bist du im Gleichgewicht mit deinem Partner? Jetzt ist es Zeit, dir zu überlegen, wen oder was du wirklich willst. Freya hilft dir dabei. Wie steht es mit deinen sexuellen Begierden? Bringen sie die Wärme, das Licht, Herzlichkeit und Geborgenheit. Oder bringen sie Krankheit, Hass und Angst? Prüfe dich in deinen Gefühlen und trenne dich von dem, was schmerzt. Oder trenn dich von einem Partner, der nicht auch geistig mit dir übereinstimmt.

Energieumwandlung

Jeder trägt die Verantwortung für seine spirituelle Entwicklung selbst. Wobei jeder zweimal lebt, einmal bei Tag und einmal bei Nacht. Mondhörner und Sonnenscheibe auf dem Kopf der Göttin Hathor erinnern uns an die Metamorphose der Gegensätze in ihr Gegenteil. **Wenn es einem schwerfällt sein Herz zu öffnen und zu lieben,** *dann wandele man diese negative Energie um:*

Nutze die Dämmerung, die Trennung zwischen den Welten, um das Mysterium deiner Existenz zu spüren und meditiere mit den Heilfarben grün, rosa, gold; wähle als Begleiter aus den Heilsteinen – Malachit, Jade, Turmalin, Smaragd, Rosenquarz, Andenopal, Epidot; nutze als Aromatherapie – Rosenöl oder Alantöl oder Salbeiöl; tanze einen Bauchtanz – alle Bauchtanzbewegungen immer im Wechsel zwischen oben und unten wie z.B. erst Hüftkreise, dann Brustkorbkreise, erst Hüftachten, dann Schlangenarme, erst Beckenkippen, dann Brustkorbheben/-senken etc.

Isis – ist die ägyptische Göttin der Freude, Barmherzigkeit und die Quelle allen Lebens. Bei den Chinesen heißt die Göttin Kuan Yin. Rufe Kuan Yin und wenn du ihre Gegenwart fühlst, lass die Liebe Kuan Yin's als heilende helle Energie in deinen Nabel einfließen und wenn du damit erfüllt bist, lass die überschüssige Liebe aus deinem Scheitel austreten und schicke sie wem immer du willst.

Oder lass deinen Geist bei einem erhebenden Mantra verweilen: Ziehe dich zurück und meditiere, wenn du ungestört bist, indem du folgendes Mantra konzentriert ca. 15 Min. lang wiederholst: *Alles Übel zieht sich vor dem zurück, der die Sonne im Herzen trägt.* Du sollst die Worte nicht analysieren, sondern nur wiederholen während du entspannt mit gerader Wirbelsäule sitzt, dann werden sie durch dein Gefühl verstanden. Es ist als würdest du deinen Körper in einem Licht baden. Dadurch wird dein Geist frei und empfänglich für die Inspiration der Göttin. Freude und Vertrauen können in dir aufsteigen. Isis lehrt dich, dass du niemanden um Erlaubnis bitten musst, um der Mensch zu sein, der du bist. Du bist die Schöpferin / der Schöpfer deines eigenen Lebens.

Energieumwandlung

Jeder trägt die Verantwortung für seine spirituelle Entwicklung selbst. Wobei jeder zweimal lebt, einmal bei Tag und einmal bei Nacht. Mondhörner und Sonnenscheibe auf dem Kopf der Göttin Hathor erinnern uns an die Metamorphose der Gegensätze in ihr Gegenteil. **Wenn man dich anders haben will, als du bist, dann suche die Verbindung zu deinem Höheren Selbst** *und wandele die negative Energie um:*

Nutze die Dämmerung, die Trennung zwischen den Welten, um das Mysterium deiner Existenz zu spüren und meditiere mit den Heilfarben – lila, weiß; wähle als Begleiter aus den Heilsteinen – Amethyst, Diamant; nutze als Aromatherapie – Rosenholzöl, Mandarinöl oder Bergamotteöl; tanze einen Bauchtanz – besonders viele Drehungen und Laufschritte, Schleiertanz!

Ix Chel - ist die Heilungsgöttin der Maya. Ix Chel rät dir, dich mit deiner Gesundheit zu beschäftigen und einfach ‚auszuspannen'. Was macht dir Spaß und Freude. Wobei entspannst du dich. Vielleicht lässt du einfach ‚die Seele baumeln' und genießt den Tag. Wenn du krank bist rufe Ix Chel an, um einen heilenden Traum zu bekommen, indem du vor dem Einschlafen an sie denkst und dich in ihre Obhut begibst. Jetzt ist es an der Zeit, dich an deine Träume zu erinnern. Sie aufzuschreiben und zu deuten. Lege deine Hände auf den Solarplexus und wiederhole innerlich den Namen Ix Chel viele Male, bis du ein Kribbeln wie von tausend Libellenschwingen in deinen Händen fühlst. Der heilende Strom fließt dann von deinen Händen in deinen Solarplexus, von dort in deinen Bauch und deine Beine und reinigt Körper, Seele und Geist.

Energieumwandlung
Jeder trägt die Verantwortung für seine spirituelle Entwicklung selbst. Wobei jeder zweimal lebt, einmal bei Tag und einmal bei Nacht. Mondhörner und Sonnenscheibe auf dem Kopf der Göttin Hathor erinnern uns an die Metamorphose der Gegensätze in ihr Gegenteil. **Wenn man glaubt an allem Schuld zu sein, was geschieht, oder von allen Seiten als „Fußabtreter" benutzt zu werden, wenn man also eine Menge „Seelenmüll" mit sich herumschleppt,** *dann wandele man diese negative Energie um:*
Nutze die Dämmerung, die Trennung zwischen den Welten, um das Mysterium deiner Existenz zu spüren und meditiere mit der Heilfarbe – hellrot; wähle einen Begleiter aus den Heilsteinen – Hämatit, Onyx, Epidot, Purpurit, Fluorit; nutze als Aromatherapie – Geranium oder Bergamotte; tanze einen Bauchtanz – alle Bauchtanzbewegungen immer im Wechsel zwischen oben und unten. Anschließend begib dich in eine **Schutzschild-Lichtmeditation** *(siehe Anhang). Du solltest dich hinterher deutlich besser fühlen und deine Energie sollte zurück gekehrt sein.*

Maja – ist die indische Göttin des Unbegrenzten, der Gewässer, des Mondes und der Fruchtbarkeit, des Reichtums und der Magie. In Rom heißt die Göttin Luna und in Ägypten ist es die Flussgöttin vom Nil; bei den Kelten ist es Brigida, der jungfräuliche Aspekt von Hekate. Nur innerer Reichtum zieht äußeren Reichtum an! Prüfe deine innere Einstellung. Worin besteht deine Magie? Maja rät dir, dich um deinen Zauber zu kümmern. Lass nicht zu, dass andere Menschen deinen Geisteszustand bestimmen. Sie hilft dir dabei, so zu werden, wie du gedacht warst. Jetzt ist es an der Zeit, dass du dich von Illusionen verabschiedest und, dass du aufhörst eine Rolle zu spielen. Achte darauf, dass das was du unterstützt, seinerseits auch dich trägt. Wappne dich vor Menschen, Dingen und Glaubenssätzen, die dich überschwemmen (vereinnahmen) und dann deine Energie versickern lassen.

Energieumwandlung

Jeder trägt die Verantwortung für seine spirituelle Entwicklung selbst. Wobei jeder zweimal lebt, einmal bei Tag und einmal bei Nacht. Mondhörner und Sonnenscheibe auf dem Kopf der Göttin Hathor erinnern uns an die Metamorphose der Gegensätze in ihr Gegenteil. **Wenn man verzweifelt ist und nicht weiter weiß oder einfach völlig verunsichert und entkräftet ist, weil mit einem umgesprungen wird wie mit einem Hund, dem man die Wurst vor die Nase hält und dann wieder wegzieht,** *dann wandele man diese negative Energie um: Nutze die Dämmerung, die Trennung zwischen den Welten, um das Mysterium deiner Existenz zu spüren und meditiere mit der Heilfarbe – dunkelrot; wähle als Begleiter aus den Heilsteinen – Obsidian, Bergkristall und Labradorit; nutze als Aromatherapie – Geranium oder Bergamotte; tanze einen Bauchtanz – benutze alle Bauchtanzbewegungen immer im Wechsel zwischen oben und unten. Anschließend begib dich in eine Schutzschild-Lichtmeditation (siehe Anhang).*

Ostara - ist eine angelsächsische Göttin, ihr entspricht **Tara**, die tibetische und indische Muttergöttin.
Tara, die Sterngöttin, ist die Muttergöttin der Hindus und Buddhisten. Sie tröstet dich in deinem Kummer und trocknet deine Tränen. Tara rät dir, dich mehr deinem 'inneren Kind' zuzuwenden. Wonach hungert und dürstet es am meisten? Höre dir ruhig einmal seine Wünsche an. Wenn du traurig bist, lass es zu, dass deine Tränen fließen. Tara hält dich in ihren mitfühlenden Armen und umhüllt dich mit Liebe. Vielleicht zündest du heute eine Kerze an und denkst an Tara. Tara heilt die Wunden deiner Kindheit. Und vergiss nicht das kleine Kind, das in deinem Herzen wohnt. Tara hilft dir, für es zu sorgen und seine Wünsche zu erfüllen.

Energieumwandlung

Mondhörner und Sonnenscheibe auf dem Kopf der Göttin Hathor erinnern uns an das Gesetz der Metamorphose der Gegensätze in ihr Gegenteil. **Wenn man keinen Grund zum Herumalbern, Spielen, 'ausgelassen sein' findet und alles so ernst und schwer ist**, *dann wandele man diese negative Energie um: Nutze die Dämmerung, die Trennung zwischen den Welten, um das Mysterium deiner Existenz zu spüren und meditiere mit der Heilfarbe - hellblau; benutze als Begleiter die Heilsteine - Türkis, Chalzedon, Aquamarin; nutze als Aromatherapie - Kamillenöl, Lavendelöl, Neroliöl; Alternativ: tanze einen Bauchtanz - besonders Pendelschritte, 3/4-Shimmy-Schritte, arabische Grundschritte mit Beckenwellen, Drehungen, im Wechsel mit Achten, Kreisen, Wellen im Stehen - Drop, Twist und Shimmy zwischendurch als Akzent einfügen. Du solltest dich hinterher deutlich besser fühlen und deine Energie sollte zurück gekehrt sein.*

Pele - ist die hawaianische Vulkan-Göttin. Sie rät dir, dich mehr um deine Natur zu kümmern und nicht gegen sie zu leben. Jetzt ist die Zeit gekommen das loszuwerden, was deine natürlichen Instinkte zügelt und einzwängt. All der in dir angestaute Frust und Druck strebt an die Oberfläche. Pele hat dir deine andere Seite gezeigt und sie hilft dir dabei diese hervorzuholen. Stehe zu dir selbst und nenne das bei seinem Namen was du verbannst. Versuche nicht, Anerkennung hauptsächlich über Anpassung zu erhalten. Dann wehrst du deine eigenen vitalen Wünsche und Emotionen ab, wodurch wiederum zunehmend ein Gefühl von Druck und Überforderung entsteht, das dich letztlich krank macht und 'den Kessel zum Platzen bringt'.

Energieumwandlung

Jeder trägt die Verantwortung für seine spirituelle Entwicklung selbst. Wobei jeder zweimal lebt, einmal bei Tag und einmal bei Nacht. Mondhörner und Sonnenscheibe auf dem Kopf der Göttin Hathor erinnern uns an die Metamorphose der Gegensätze in ihr Gegenteil. **Wenn du schon in der frühen Kindheit schlechte Erfahrungen mit Autorität und Macht machen musstest**, also **unterdrückt wurdest,** *dann wandele diese negative Energie um: Nutze die Dämmerung, die Trennung zwischen den Welten, um das Mysterium deiner Existenz zu spüren und meditiere mit den Heilfarben - hellgrün, rosa, helllila; Lege einen Rhyolith (magischer Stein der Ureinwohner Australiens) auf das Herzchakra oder das Solarplexuschakra. Er fungiert als Fürsorger und Tröster, wenn man zuviel von sich weggegeben hat und nun zu sensibel "drauf ist". Gegen psychischen Stress und für Selbstsicherheit ist ein Epidot zu empfehlen und bei übertriebenen Schuldgefühlen und Versagensängsten hilft ein Purpurit; nutze in der Aromalampe – Lavendel oder Rosenöl oder Alantöl; tanze einen Bauchtanz - alle Bauchtanzbewegungen immer im Wechsel zwischen oben und unten.*

Tiamat – ist eine babylonische Göttin: die Drachenfrau der bitteren Wasser und der süßen Quellen.
Tiamat ist der Ursprung des Kosmos. Bei den Navajo heißt sie Estsanathlehi. Tiamat, die Drachenfrau, speit Feuer und bewacht den magischen Wald. Zu ihr kehren Frauen zurück in der Zeit ihres Blutes. Tiamat rät dir, dich in deinen magischen Wald oder in deine Behausung zurück zu ziehen und Erneuerung zu suchen. Lerne es, deinen eigenen Rhythmus zu finden und lass dich nicht hetzen. Nimm dir Zeit für dich und hole deine Energie zurück. Wovor hast du Angst? Angst ist ein Ungleichgewicht (z.B. Lüge). Indem man dir Angst macht, will man dich hetzen. Welche Botschaft hat deine Angst für dich. Gestatte es deiner Angst, dir den 'schwarzen Schatten' auf deiner Seele zu zeigen. Erforsche und beschreibe deine körperlichen Gefühle. Steigere dich durch bewusstes Atmen und Bewegung weiter in die Gefühle hinein. Nenne deine Gefühle beim Namen und frage sie woher sie kommen. Rufe Tiamat und schicke die Gefühle an den Absender zurück.
Energieumwandlung
Mondhörner und Sonnenscheibe auf dem Kopf der Göttin Hathor erinnern uns an die Metamorphose der Gegensätze in ihr Gegenteil. **Wenn man sich besser Zeit nehmen sollte (und nicht das Leben!),** *dann wandele man die negative Energie um:*
Nutze die Dämmerung, die Trennung zwischen den Welten, um das Mysterium deiner Existenz zu spüren und meditiere mit der Heilfarbe - dunkelgrün; nutze als Aromatherapie – Zypresse oder Lavendel oder Benzoe; wähle als Begleiter aus den Heilsteinen - Bergkristall, Aquamarin, Rauchquarz, Epidot; Alternativ: tanze einen Bauchtanz - alle Bewegungen ohne Einschränkung, tanze einfach so wie du Lust hast, lass dich von deinem Bauch führen. Du solltest dich hinterher deutlich besser fühlen und deine Energie sollte zurück gekehrt sein.

Die Vilas - nach osteuropäischem Glauben erscheint die Kraft der heimatlichen Erde in Gestalt einer Vila – einer Fee, einer wunderschönen Frau. Aber die Vilas (Feen) nehmen auch die Gestalt von Pferden, Wirbelwinden, Schlangen oder Schwänen an. Sie sind Abgesandte der glückbringenden Göttinnen wie Fortuna (Rom), Lakshmi (Indien) oder **Gaia** (Griechenland). Wenn da eine schöne Frau oder eine Schlange im Traum zu sehen war, hat dich eine Vila besucht. Was hat die Vila in deinem Traum getan? Sie hat dir einen Hinweis gegeben, den du beachten musst, um dir einen Wunsch zu erfüllen. Wähle deinen Wunsch.

Energieumwandlung

Jeder trägt die Verantwortung für seine spirituelle Entwicklung selbst. Wobei jeder zweimal lebt, einmal bei Tag und einmal bei Nacht. Mondhörner und Sonnenscheibe auf dem Kopf der Göttin Hathor erinnern uns an die Metamorphose der Gegensätze in ihr Gegenteil.

Wenn Illusionen das Handeln leiten, löse man sich von Gier und innerem Widerstand *durch die Umwandlung dieser negativen Energien:*

Nutze die Dämmerung, die Trennung zwischen den Welten, um das Mysterium deiner Existenz zu spüren und meditiere mit der Heilfarbe – dunkellila; wähle einen Begleiter aus den Heilsteinen – Serpentin, Morganit, Chrysopras, Onyx, Saphir; nutze als Aromatherapie – Beifuß oder Thuja oder Zwiebel oder Zypresse; tanze einen Bauchtanz – besonders Kombinationen der kraftvollen Bauch-, Hüft-, Beckenbewegungen miteinander und mit Schritten. Du solltest dich hinterher deutlich besser fühlen und deine Energie sollte zurück gekehrt sein.

Magischer Kreistanz

Die Große Göttin (die universelle Schöpfungskraft) entfaltet sich in ihren unterschiedlichen Aspekten im Bauchtanz, dem Tanz der Göttin. Entstanden in Ekstasekulten des Matriarchats, wurde Bauchtanz von Anbeginn zur Schöpfung neuer Lebenskraft (Energieumwandlung) getanzt. Er ist die Reise zu sich selbst, ist im Bewusstsein der Göttin tanzen, ist die Vereinigung von Körper und Geist (Herz und Seele) mit MA'AT durch Tanz. Tänzerinnen im Orient und im Mittelmeerraum kannten zu Beginn der Antike noch den Zusammenhang zwischen Tanzkunst und Magie, denn sie tanzten noch für und zu Ehren einer Göttin, mit dem Ziel im Tanz mit deren Geist eins zu werden und durch den Tanz deren Macht zu entfalten. In jener Zeit, die Bauchtanz als einen individuellen Weg zum Licht begriff, zum göttlichen Funken in uns selbst, war Bauchtanz im wesentlichen eine Kunst der Gefühlsumwandlung, die Kunst, der eigenen Natur auch geistig zu entsprechen. ‚Hexerei', ‚Zauberei' und ‚Magie' sind nur Bezeichnungen für die Tatsache, das es einzig darum geht, die ‚schwarzen Schatten' zu erkennen und dadurch zu verwandeln. Bauchtanz ist aber die Abweisung der Fremdbestimmung (schwarze Magie) durch den Rückgriff auf das Ur-Weibliche. Eine Bauchtänzerin demonstriert durch ihren Tanz in diesem Fall innere Unabhängigkeit bzw. Charisma und das heißt: Herrschaft über das Unterbewusstsein (die Finsternis). Den Zusammenhang zwischen Tanz und Magie hat man vergessen und 55 nach Christus den letzten Göttinnentempel im Mittelmeerraum geschlossen. Heutzutage leben wir in einer Gesellschaft, in der wir das wollen, was wir wollen sollen und das heißt in der Regel, unseren Geisteszustand von anderen bestimmen zu lassen. Das Ergebnis ist Impotenz, Protest der Seele (bis hin zu deren Verlust), Ohnmacht. Um heutzutage mit dem Tanz magisch zu wirken, müssen wir mit Hilfe des Tanzes unsere Aufmerksamkeit zurück erobern. Der Tanz der Göttin ist

Meditation – Bauchtanzmeditation: Mit dem Bauchtanz magisch wirken heißt, ihn als Meditation zu praktizieren. Das macht man dadurch, dass man die bewusste Wahrnehmung gezielt auf den eigenen Körper richtet. Die Verspannung muss in den Körperteilen lokalisiert (wahrgenommen) werden und dann im Tanz durch das Versenken in Rhythmus, Körperbewegung und Musik aufgelöst werden.

Bauchtanzmeditation ist die Kunst, in den einzelnen Körperteilen die (Ver-)Spannung zu akzeptieren und in der Hingabe an Musik, Gefühl und Rhythmus zu vergessen, los zulassen, zu entspannen. Ist man aber entspannt, gehört einem die Welt, denn man ist im Gleichgewicht mit der Schöpfungskraft (Kreativität / Magie).

Wenn wir uns schlecht fühlen, können wir davon ausgehen, dass die dunkle Energie, der Schatten, das Ungleichgewicht, die Spannung, die Verspannung, die schwarze Magie im Körper wirkt. Wenn wir dann tanzen, öffnen wir uns ganz bewusst der heilenden göttlichen Energie (vermittelt durch die Musik), indem wir unseren Körper benutzen und die überlieferten Figuren des Öffnens, Aufnehmens, Verteilens, Lenkens und Zentrierens der hellen Energie tanzen[2]. So heilen wir uns, denn der Körper vollzieht die uralte überlieferte Bewegung im Rhythmus der Musik und die Körperfrequenzen werden dadurch angehoben, es verschwinden daraufhin die Spannungen bzw. die Schatten, weil sie niedrigere Frequenzen aufweisen. In diesem Bewusstsein getanzt, wird jede Tänzerin zur Priesterin, der Körper wird zum Tempel des Geistes und Bauchtanz wird Göttinnendienst – das ist Bauchtanzmeditation.

Wenn die Tänzerin derart als Hohepriesterin fungiert, lenkt sie die hohe Energiefrequenz, vermittelt durch die Musik und die Tanzfiguren, nach unten in die Schatten und durch sich selbst hindurch in die Umgebung (=Segnung). Dadurch wird sie

---

2   In dem Buch: *Orientalischer Tanz und Ekstase – der weibliche Weg zum ‚magischen Feuer'*, Berlin 2000; habe ich Bauchtanzfiguren ausführlich beschrieben.

nicht nur selbst geheilt / entspannt, sondern wirkt auch als Kanal für die göttliche Energie (Schöpfungskraft / Kreativität) *Jetzt ist der Augenblick der Macht.* (Huna) Dieser ist fühlbar als ‚von innen heraus strahlen', ein Glücksgefühl, das die Tänzerin öffnet und das nicht unterdrückt werden kann. Eine entscheidende Rolle spielen dabei die Arme und Hände – die Gestik – weil diese die Energielenkung vollziehen und so die Tanzfiguren und damit die Persönlichkeit, vollenden. Nimm die Verspannung nur zur Kenntnis und akzeptiere sie ohne Wertung, dann höre die Musik und tanze und öffne dich den Bewegungen und der Musik.

Vorschlag: Tanze zusammen mit den Frauen deiner Gruppe oder deines Covens folgende Figuren-Kombination nach dem Instrumentalteil auf der CD ‚The magic of belly dancing' von Georges Abdo zwecks Anrufung der Göttin mit Zimbeln und als magisch, mystische Einstimmung zu einem festlichen und für euch wichtigen Anlass (Ritual, Jahresfest, etc.), indem ihr euch in einem großen Kreis aufstellt, in der Mitte der Altar mit dem Bild der Göttin (oder ihrem Symbol), und diese Reihenfolge in Kreisrichtung nach links tanzt:
Grundschritt, Grundschritt, Welle, Welle; Drehung, Drehung, großer Kreis nach links; Rechte Seite: Drop vorn, Drop hinten, Drop vorn, Drop hinten, horizontaler Brustkorbkreis; Wiederholung andere Seite: Drop vorn, Drop hinten, Drop vorn, Drop hinten, horizontaler Brustkorbkreis; Vertikaler Brustkorbkreis (4 Takte), Drop links, Drop rechts; Drehung, Drehung, großer Kreis nach rechts; Anschließend wieder mit dem Grundschritt beginnen usw. bis die Musik endet.
Jetzt beginnt eure magische Arbeit mit der umgewandelten Energie, indem ihr euch im Kreis nieder setzt und der Hohepriesterin zuschaut, die, z.B. zum Zwecke des Hellsehens, in der Mitte vor dem Altar ein Schleier-Solo tanzt, wodurch ihr, wenn ihr euch, nichts besonderes erwartend, auf die Tänzerin einlassen könnt, allmählich in einen gesteigerten Bewusstseinszustand geratet, in dem ihr Dinge seht, die euch

wie im Traum erscheinen und aus eurer Zukunft kommen. Der magische Kreis wird aufgelöst, indem ihr die Einstimmungsmusik vom Anfang diesmal in Kreisrichung nach rechts und ohne Zimbeln tanzt. Dann beginnt der gesellige Teil, indem ihr alle zusammen tanzt, jeder wie er möchte, nach einer Musik, die Freude ausdrückt.

Bauchtanz, auf die Dauer jahrelang und regelmäßig praktiziert, führt immer wieder in die eigene Mitte, stellt dadurch das körperlich / seelische Gleichgewicht immer wieder erneut her. Das kann den Zugang zum Licht eröffnen, indem Bauchtanz auf sanfte Weise die Kundalini erwachen lässt. Jenes Energieband, das durch die Wirbelsäule von unten nach oben steigt und die Chakras miteinander verbindet. Auf diese Weise werden die Siddhi-Kräfte (wie zum Beispiel Hellsehen, Hellhören, Hellfühlen, Telepathie, Levitation und Heilen) geweckt, und wenn man dann lernt, sie zu benutzen, kann man auch ohne Reiki-Initiation mit dieser Energie z.B. durch Handauflegen heilen.

Weiße Magie

Die Ur-Religion der Großen Göttin findet eines ihrer Abbilder in der alt-ägyptischen Religion. Nach dem alt-ägyptischen Weltbild und dem Gesetz der Göttin HATHOR hat jeder Mensch auf Erden die Aufgabe MA'AT (= neues Gleichgewicht durch Wahrnehmen der Wahrheit) zu verwirklichen, dann ist man im Besitz von HEKA (Magie) und dient mit seiner Magie dem Schöpfungswerk, weshalb man am Ende, nachdem das ‚Herz' mit der ‚Feder der MA'AT' abgewogen wurde, im Paradies wieder aufersteht. Indem man dieser Aufgabe entspricht, wirkt man weißmagisch: Teilnahme am Schöpfungsakt durch Herstellung von Harmonie; denn HEKA (Magie) ist uns von den Göttern gegeben, um böse Ereignisse abzuwehren. HEKA ist eine unabhängige Energie, die universelle Schöpfungsenergie und verbindet Diesseits mit Jenseits. *Es gibt keine Grenzen* (zwischen den Gegensätzen, d. V.). (Huna) Es haben auch die Jenseitigen Zugang zur Magie. Die Lebenden haben durch ihre Gefühlswelt Anteil an ihr. So erfüllt Zauber (HEKA) im Ruhezustand (in der Entspannung!) den Leib, in der Transformation jedoch, ist Zauber ‚eine wirkende Kraft, die der Ägypter im Bilde von Licht und Feuer sieht'. (Hornung)

Die Schöpfung (der Urknall) wird als Geburt des Lichts gesehen. Es geht in der Ur-Religion immer um die Umwandlung von Finsternis in Licht. Das Paradies wird durch die Umwandlung von Schatten (Weltverlust, negative Gefühle) in Licht (Gleichgewicht, positive Gefühle) hergestellt.

> Weiße Magie ist nichts anderes als die Herrschaft des Geistes (Willens) über den Schmerz (das ‚böse Leiden'), sei er nun physischer oder psychischer Natur. Den Schlüssel zur weißen Magie hütet die Große Göttin, die das All geschaffen hat. Die Große Göttin befreit dich, sobald du dich ihr anvertraust und nach ihren Regeln lebst.

Das Ausüben weißer Magie, also die Herstellung von Ausgleich durch Energielenkung entsprechend der Ur-Religion der Großen Göttin, ist im Buch Thoth (das Große Arkanum des **Tarot**) überliefert:

Das Buch Thoth: Energielenkung (I Der Magier) nach dem Gesetz der Energielenkung (II Die Hohepriesterin) lässt einerseits Energie selbst (III Die Herrscherin) frei fließen und bewirkt damit zum anderen die Existenz auf Erden, die Selbstschöpfung, Vervollkommnung (IV Der Herrscher).
Das Gesetz zur Energielenkung beinhaltet die Einbeziehung bzw. Anerkenntnis des Verborgenen (AMUN), der im Verborgenen wirkenden Kraft des Ausgleichs, durch die Berücksichtigung der eigenen Beweggründe und die der Umwelt, und durch die Kontaktaufnahme mit dem BA (V Der Hohepriester), dem geistigen Führer oder ‚höheren Selbst', mit der Fähigkeit ‚Leben zu spenden'. Man erlangt diesen Kontakt durch Beachten der Eingebung, Intuition (VI Die Liebenden), anders ausgedrückt: indem man seinem ‚Herzen' folgt. Die Wahrnehmung und Befolgung der Intuition dient der Fähigkeit zur Energielenkung und zur Änderung der ‚inneren Einstellung', das ist der Sieg über den Schatten (VII Der Wagen).
So entspricht man der im verborgenen wirkenden Wahrheit und dient MA'AT (VIII Die Gerechtigkeit) selbst. Man ist unterwegs zur Göttin, da man mit dem Beachten und Befolgen der Eingebung unterwegs zum Licht, zum Lichtwesen, zum ‚göttlichen Funken' in sich selbst (IX Der Weise) ist. Durch die Wahrnehmung der Intuition verwandelt man Körper (Finsternis) in Geist (Licht).
Das Schicksal (X Das Rad), der ewige Wandel bzw. die ewige Wiederkehr, gestaltet sich entweder als Fügung (XI Die Kraft) oder Verhängnis (XII Die Prüfung), je nachdem, ob man es jeweils schafft, Finsternis in Licht umzuwandeln bzw. negative Energie zu lenken.
Erlebt man das Schicksal als Verhängnis beinhaltet das gleichzeitig die Notwendigkeit sich selbst zu ändern, um das

Schicksal zu verändern. Bei dieser Selbstveränderung muss man durch einen Durchgang (XIII Der Tod) gehen, eine Tür durchschreiten, eine Trennung, eine Grenze, einen Abgrund (z.B. Krankheit) überwinden.
Indem man sich auf das richtige Maß besinnt (z.b. durch ändern der ‚inneren Einstellung' – beachten der Gedankengänge und aufsuchen des entgegengesetzten Standpunkts) ohne das Ziel aus dem Auge zu verlieren, findet man ‚den richtigen Dreh' (auf dem entgegengesetzten Weg das Gegenmittel), um entsprechend diesem Mittel die Neuordnung im Feinstofflichen / Ewigen (XIV Die Wiederverkörperung) zu erreichen. Derart wandelt man das ‚böse Leiden' (XV Der Teufel) in den KA, den Traumkörper bzw. den Diener, der die Dinge nachts in der Unterwelt für uns regelt bzw. manifestiert und das kosmische Ur-Paar (BA und KA) ist geboren. So ist man über den Berg, das reinigende Gewitter (XVI Die Zerstörung) ist vorbei, man ist der Gefahr entronnen und die Gegner sind besiegt. Von oben, den Ahnen, Göttern, Sternen (XVII Die Sterne) strömen einem hilfreiche Kräfte zu. Die Gegensätze: das Chaos, das Unbegrenzte, die ‚Große Göttin' (XVIII Der Mond) und das Paradies, der ‚große Gott' (XIX Die Sonne) sind vereint; anders ausgedrückt: Das Paradies ist in der Unterwelt wiederhergestellt und bewirkt Wunscherfüllung, Rettung, Auferstehung der Seele (ACH), Vereinigung mit dem Lichtwesen, Unsterblichkeit (XX Alles in Allem), und man tritt wieder in die Welt der Harmonie (XXI Die Welt) ein.
Wer nicht auf diese Weise Magie einsetzt bzw. in seinem Leben wirkt, verkennt seine inneren Kräfte und bleibt ein Spielball seiner Umwelt (0 Der Narr).

Die **Göttin Hathor** führt Nefertari durch die Unterwelt
(Finsternis) – Abbildung im Grab der Nefertari

Nachtfahrt

Hathor führt Nefertari
durch die Unterwelt,
obgleich kein Licht
ihr das Dunkel erhellt.
Sie müssen an Ammut vorbei,
die das Schwarze frisst,
und langsam tritt Dämmer
in die unheimliche Welt.

Schon sehen sie den Fluss
und das rettende Land.
Im Dickicht der Böschung
lauern Krokodile – zu viert.
Doch Nefertari, an der Göttin Hand,
allmählich die Angst verliert.

Sie denkt: Wie gut, dass Ammut
auch das Schwarze frisst,
andernfalls schluckt sie das Leuchten
der wandernden Seelen,
wenn sie hinübergehen.
Damit mir am Ende nichts mehr passiert,
bekommt sie zu Lebzeiten das Schwarze serviert.
Die Göttin beschützt mich.
So soll es geschehen.

MA'AT

Alle Ungleichgewichte im Kräftefeld der Schöpfung, das sind Ungerechtigkeiten im Kräftefeld der sozialen Beziehungen, lassen den Schatten hervortreten. Der Schatten ist die sichtbare Trennung von Körper und Geist. Entsprechend leiten alle Ungleichgewichte die Trennung von Körper und Geist ein und blockieren die Lebensenergie, was bis hin zum Tod (die endgültige Trennung) gehen kann. Blockierte Lebensenergie nimmt eine Form von Stillstand, Erstarrung, Schwere, völlige Finsternis an. Aber die Göttin regiert die Finsternis. So wie sich nach dem *Gesetz der Hathor* das Licht in der Dunkelheit regeneriert, regeneriert sich der Geist des Menschen in der Gefühlswelt des Körpers, im Unterbewusstsein, im Schlaf, im Traum. Das Versenken ins Innere der Gefühlswelt des Körpers per Traum, Rhythmus, Meditation oder mittels der Befragung des Orakels ermöglicht das Sehen des Wirkungszusammenhangs der Kräfte, die hinter den Dingen stehen, um sich dann richtig, im Einklang mit der eigenen Mitte, verhalten zu können. Die richtige Entscheidung kann man körperlich als Leichtigkeit, Entspannung bzw. innere Ruhe, inneren Frieden spüren.

Wie die Gegenkraft orientierungslos, besinnungslos, ohnmächtig macht, macht die Erkenntnis des tatsächlichen Zusammenhangs der Situation, die Erkenntnis der Wahrheit des Wirkungszusammenhangs, körperlich spürbar leicht, frei, wach, ruhig und kraftvoll, sofern man diese Wahrheit in die zutreffenden Worte fasst oder als inneres Bild erkennt. Darüber hinaus greift das Bewusstsein der hinter den Dingen stehenden Wahrheit in den Wirkungszusammenhang ein und verändert die Situation. Im alten Ägypten hatte man die Lebensaufgabe seinen inneren Frieden als Kraftzustand, Energiezustand aufzusuchen, ein Zustand, der einen geistig klar werden ließ, gelassen und fähig, Entscheidungen im

Sinne des ‚Gleichgewichts in der Schöpfung' (hier: Welt der sozialen Beziehungen) zu treffen.
MA'AT verwirklichen hieß: im Einklang mit einer Kraft, die ausgleicht handeln, dann hatte man inneren Frieden, Energie und Entspannung. Das funktioniert heute noch genauso. Wie erkennt man aber die gegenwärtige Kraft, die ausgleicht? Zu dieser Erkenntnis verhilft uns das Orakel – das Tarot.
Das Tarot Orakel, die 22 Karten oder ‚das Große Arkanum', enthält das Gesetz der Göttin Hathor und ist eine Einweihung (Initiation) darüber wie man innere Unabhängigkeit erlangt und unbeirrt seinen Weg zur Selbstwerdung (Vervollkommnung) geht. ‚Selbstwerdung' besteht darin, im Gleichgewicht mit der Schöpfungskraft zu existieren, in dem Sinne, dass man auf seinem Lebensweg durch die verschiedenen Schicksalsschläge hindurch ‚Herz und Seele' (Körper und Geist) in der Existenz und MA'AT (die göttliche / natürliche Harmonie auf Erden) immer wieder aktiv in Übereinstimmung bringt. Bezüglich der Energielenkung (Verhältnis der Schöpfungskraft zur Existenz auf Erden) zeigt das **Tarot** uns folgende Zustände:

Das Große Arkanum:
1) Energielenkung, Besitz der Energie (I)
2) Wissen, Gesetz der Natur, Buch der Schatten, Kenntnis des Zusammenhangs, Gesetz der Energielenkung (II)
3) die Energie selbst, das Ziel (III)
4) Selbstverwirklichung in der Existenz (IV)
5) Kontakt mit dem Höheren Selbst, dem BA (V)
6) Eingebung, Intuition (VI)
7) die geänderte ‚innere Einstellung', die Vereinigung der Gegensätze (z.B. oben und unten) bzw. der Sieg über den Schatten (VII)
8) die göttliche Ordnung auf Erden: MA'AT selbst (VIII)
9) unterwegs zum Lichtwesen, zum göttlichen Funken in sich (IX)
10) Das Schicksal, das Auf und Ab der Ereignisse (X)
11) Das Schicksal als Fügung, die Macht (XI)

12) Das Schicksal als Verhängnis, die Prüfung (XII)
13) Verwandlung, Veränderung, Übergang (XIII)
14) die Neuordnung im Feinstofflichen, Ewigen (XIV)
15) das ‚böse Leiden' oder der Traumkörper bzw. der KA, der die Dinge für einen regelt (XV)
16) d. Konflikt, d. Konkurrenz, d. Gewitter, über d. Berg (XVI)
17) Hilfe von oben, von den Ahnen, den Göttern, aus dem Universum (XVII)
18) das Unbegrenzte, die Unterwelt, das Unbewusste, die Nacht, die ‚Große Göttin' (XVIII)
19) das Paradies (Hingabe und Vertrauen), der Tag, die bewusste Wahrheit, der ‚große Gott' (XIX)
20) die Vereinigung mit dem Lichtwesen, die Unsterblichkeit, die Regeneration der Lebenskräfte (XX)
21) die Welt der Harmonie (XXI)
22) keinen Zugang zu den eigenen Kräften, Spielball der Umwelt (0)

Fragt man z.B. nach seiner Energie indem man aus den gemischten 22 Karten mit der linken Hand nacheinander zwei Karten zieht und erhält die Antwort 15 und 10, so bedeutet das je nach Intuition z.b.: Leiden im Auf und Ab der Ereignisse. Die erste gezogene Karte ist die Antwort auf die Frage und die zusätzlich gezogene Karte erläutert die Antwort genauer. Entsprechend weiß man, dass man etwas unternehmen muss, um das Leiden dadurch zu beenden, dass man die eigene Existenz wieder in Übereinstimmung mit der göttlichen Ordnung bringt. Als nächstes fragt man die Karten was man dafür tun soll und bekommt auch darauf eine Antwort. Um jeden Tag aufs neue diesem Ziel: ‚Herz' und MA'AT ins Gleichgewicht zu bringen, nachzukommen, kann man auch das Göttinnen-Orakel in diesem Buch in Kombination mit einer Karte für den Tag aus dem Tarot-Orakel benutzen.
<u>Zum Beispiel:</u> zog ich für den heutigen Tag: die Göttin ISIS und die Karte IV. Das heißt in meinem Fall: meine Umgebung will mich anders haben als ich bin, aber das Übel weicht vor dem zurück, der die Sonne im Herzen hat und

‚Selbstverwirklichung in der Existenz' (IV) bringt mir die Sonne (Freude / Vertrauen) zurück. Deshalb schreibe ich hier heute ganz entspannt und mit Begeisterung (und meiner Umgebung zum Trotz), für euch meine Gedanken nieder und weiß mich im Einklang mit der Schöpfungskraft.

Egyptian Tarot, Deck von Esther Casla

Vorschlag: Nutze das Göttinnen-Orakel in diesem Buch, um dir jeden Tag über den Zustand deiner Energie in der eben beschriebenen Weise klar zu werden. – Wenn du keine Tarotkarten hast, kannst du die Bilder bei www.aquatictarot.de kostenlos herunterladen, ausdrucken, auf Pappe kleben und schon hast du dein eigenes Großes Arkanum.

Die Macht der ‚inneren Entscheidung' – der ‚innere Raum'

Wenn wir uns in einem Abhängigkeitsverhältnis mit einem autoritären Charakter ('kleinen Tyrannen') konfrontiert sehen und nicht die Flucht ergreifen und ausweichen können, z.b. keinen anderen Job, Eltern, Vorgesetzten, etc. finden können, müssen wir uns der Konfrontation stellen indem wir unsere ‚innere Entscheidung' ändern.

Besonders Frauen befinden sich häufig in einem solchen Abhängigkeitsverhältnis, in dem sie ‚runter gemacht', abgewertet, klein gemacht, erniedrigt werden, weil z.b. der Chef unfähig ist, bei Problemen durch Anregung zu motivieren, sondern stattdessen, wenn etwas nicht klappt, einfach nur Druck machen kann. Aber auch Männer können sich z.b. im Arbeitsverhältnis konfrontiert sehen mit der menschenverachtenden Einstellung eines Typen mit ‚Feindseligkeitssyndrom', der erwartet, dass seine Untergebenen ‚sich selbstquälerisch zurückschraubend', als konkurrierende Maschinen bei ihm im Perfektsein wetteifern, während er sich selbst jeden Fehler erlaubt (Selbstbedienungsmentalität).

Ein Mensch mit tobsüchtigem Charakter, resultierend aus der Einbildung, er sei etwas Besseres als andere, stiehlt sich schlichtweg aus der Verantwortung, die er für sich selbst hat. Er will unbedingt die Realität (soziale Wirklichkeit) negieren und mit aller Gewalt ein Machtverhältnis aufrecht erhalten. Er will, dass alles so bleibt wie es ist. Die Realität verändert sich aber, und die Dinge sind ständig im Fluss. Sollte man nun zufällig Ausdruck dieser im Fluss befindlichen Veränderung der Realität sein, dann bekommt man unter Umständen die negierende Gewalt eines solchen Charakters schmerzlich zu spüren. Wenn man dann im Arbeitszusammenhang z.B. auf eine Frage des Vorgesetzten einmal die ehrliche Antwort gibt, dass man keine Ahnung hat, macht er etwa in der Weise Druck, indem er z.B. rot anläuft und herumschreit: „Ich verbiete Ihnen, so mit mir zu reden."

Von einem solchen Menschen wird nicht nur die Kommunikation verweigert, sondern der Gerechtigkeitssinn seiner Mitmenschen permanent verletzt. Das tut weh. Wenn unser Charakter jetzt darin besteht, uns im Fall von Druck zurückzunehmen und ‚klein beizugeben', also innerlich die Flucht zu ergreifen, haben wir schon verloren und werden auf die Dauer krank, denn unsere Seele, das 'innere Feuer', die nach Entfaltung strebt, rebelliert in diesem Fall gegen unseren Charakter. Um unbeschadet aus solch einer Situation hervor zu gehen, ist jeder Bann- und Abwehrzauber geeignet. Notwendig ist es in diesem Fall aber auch, die ‚innere Entscheidung' eines sozialen menschlichen Wesens, das sich normalerweise auf den anderen einlässt und ebenbürtig kommuniziert, zu ändern und ‚dicht zu machen', den anderen nicht mehr zuzulassen, ihn genauso zu ignorieren wie er einen selbst zu ignorieren Willens ist, um die eigene Souveränität zu bewahren, die darin besteht, dem anderen gleich zu sein. Zu diesem Zweck braucht man inneren Abstand zum Geschehen durch die ‚Macht der Entscheidung' (einen Beschluss fassen). Um beispielsweise im oben genannten Fall über den Dingen zu stehen, kultiviere man in sich das Gefühl eines Wissenschaftlers, der im Labor steht und ‚den Stein des Anstoßes' als höchst interessantes zu untersuchendes Objekt in Augenschein nimmt, mit dem er eigentlich nichts zu tun hat.

Im Inneren denkt man sich dann im Fall des Wutausbruchs ironisch z.B.: „Wie ich es liebe von dieser ‚Knalltüte' als Fußabtreter benutzt zu werden" und sagt ruhig und gelassen, aber dabei innerlich unbeteiligt: „Entschuldigen Sie, dass ich nicht Allwissend bin."

Stell dir vor: Die Welt ist ein Zirkus! Du kannst dich von ihr - der Angst vor ihr - befreien, indem du sie nicht ernst nimmst, denn sie ist nur ein Zirkus. Wenn dein Chef dich unterdrückt und du innerlich denkst ‚ich liebe es dein Fußabtreter zu sein', nimmst du ihn nicht mehr ernst: Du entziehst dich der dir zugedachten Rolle des Sündenbocks und bist frei. Frei zu sein heißt, nicht mehr innerlich dagegen ankämpfen zu müssen und das bedeutet, seinen Geisteszustand nicht mehr von anderen bestimmen zu lassen. Genau das ist auch der Sinn der christlichen Worte: ‚halte die andere Wange auch hin, wenn dich einer schlägt' und ‚liebe deine Feinde'; denn die Bibel, ein altes Zauberbuch, ist nicht wörtlich zu nehmen, da sie nachträglich aufgrund mündlicher Überlieferung zusammen getragen und aufgeschrieben wurde.

Wem es schwer fällt, sich von einem Menschen, mit dem man täglich, oft stundenlang zusammen ist, nicht beeindrucken zu lassen oder mit einem befreienden Lachen die Situation zu entschärfen, der mache regelmäßig, bevor er seinen Alltag beginnt eine Schutzschild-Lichtmeditation. (siehe Anhang)

‚Selbstverwirklichung' heißt hier nicht, wie allgemein missverständlich angenommen: ‚ohne Rücksicht auf andere nur auf den persönlichen Vorteil bedacht sein', wodurch diese ‚Selbstbedienungsmentalität' entsteht, die unser Land in den Ruin treibt, weil dadurch eine gigantische Umverteilung von unten nach oben stattfindet, die jedoch kein Wachstum für alle schafft, wofür man dann wiederum die ‚Globalisierung' verantwortlich machen will.‚Selbstverwirklichung' bedeutet in diesem Buch: ‚Körper und Geist verbinden', um den Protest der Seele zu beenden. Das ist etwas, das nur gelingt, wenn man verantwortungsbewusst alle Umweltkräfte berücksichtigend, im Einklang mit der Kraft, die ausgleicht, wirkt. Das ist ‚Selbstverwirklichung' im Sinne einer Selbstwerdung, einer gleichzeitigen Selbst- und Realitätsfindung.

Schwarze Magie

Schwarze Magie ist jede Manipulation der umgebenden Kräfte ohne die Mitwirkung des Gegenübers bzw. Gegensatzes zu berücksichtigen. Als Beispiel kann genannt werden: Verführung und Übervorteilung, Ablehnung und Neid, Hass, ungerechte Behandlung, autoritäre Erziehung; kurz: Alle Manipulationen, die gegen den Willen des anvisierten Objekts vorgenommen werden. Die schwarzmagische Beeinflussung der Menschen erfolgt z.B. durch Werbung in den Medien (Verknüpfung von Wille und Vorstellung des anvisierten Objekts mittels einer Analogie zum realen Bezug, wie beispielsweise in der ‚Slim Fast' TV-Werbung „Wenn ich das kann, können Sie das auch!") über die gesamte Unterhaltungsindustrie unserer Gesellschaft bis hinein in Wissenschaft und Politik. Nicht zu vergessen sind jedoch auch die anderen Ratgeber für das Bewusstsein, wie Elternhaus, Schule, Mitmenschen, Arbeit, Zeitgeist. Wie man sieht, ist alles einbezogen in dieses Wirkungsfeld zur Manipulation des Bewusstseins und damit des Willens. Kurz zusammengefasst: Die Schwarzmagier, also diejenigen, die uns zu ihren Gunsten verführen, uns etwas einreden und ihren Willen aufzwingen wollen, können überall sein. Im allgemeinen ist es daher unser Karma, dass wir das wollen, was wir wollen sollen. Viele von uns wissen gar nicht mehr was sie selber wollen. Darin besteht die Krankheit unserer Zivilisation: Wir sind anfällig für jegliche Verführungskunst und richten unser Leben in Wirklichkeit nach den Wünschen anderer. Irgendwann rebelliert die Seele dagegen, was wir körperlich spüren, wir werden krank. Die Krankheit entpuppt sich bei genauerem Hinsehen als Protest unserer Seele gegen Anteile schwarzmagischer Prägung unseres Charakters. Energiezustände schwarzer Magie sind dabei gekennzeichnet durch z.B. Orientierungslosigkeit, Lustlosigkeit, Langeweile, keinen klaren Gedanken fassen können, wie gelähmt sein,

Schmerzen, Angst, Hass, Sorgen, Trauer und dergleichen mehr. Während Energiezustände weißer Magie sich anfühlen wie Freude, Wärme, Lust, Wohlbefinden, motiviert sein, das Leben in vollen Zügen genießen usw.. Moderne Beispiele für schwarze Magie sind das ‚Schuld zuweisen' und das ‚Mobbing'. Beim 'Mobbing' (von der Meute gehetzt), dieser speziellen Form der Verweigerung des Miteinanders, wirkt sich das Hervortreten des schwarzen Schattens aus, jener Zustand der Energie, der im Falle der beginnenden Trennung von Körper und Geist auftritt und zur Paralyse (Lähmung) führt. In Fällen massiver Angriffe wie z.b. Mobbing, muss man sich Hilfe von außen holen (Ärzte, Beratungsstellen, Anwälte etc.). Zusätzlich sollten jedoch auch noch die der Persönlichkeit fehlenden Energiequalitäten ersetzt werden. Die mangelnde Seelenstärke kann durch Lichtwesen (wie z.b. Engel) ausgeglichen werden. Ich persönlich bevorzuge die Hilfe der Lichtwesen des Großen Arkanum[3] des Tarot. Energie geht zum Glück nicht verloren, das lehrt uns schon der 'Energieerhaltungssatz' der Physik. Energie bleibt immer erhalten, sie kann lediglich in verschiedene Zustände - hypothetisch gesprochen: beginnend mit 'beweglich', 'fließend' (Leben) und endend bei 'still stehend' (Tod) - umgewandelt werden. Fühl- und sichtbar werden diese Zustände des Lebens als Wachheit, Leichtigkeit, Helligkeit und die des Sterbens als Trancen, Schwere, Steifheit, schwarze Schatten. Es ist möglich den schwarzen Schatten in helle, heilende Energie umzuwandeln. Wer keine Lust hat, sein Leben von unbegriffenen Kräften regieren zu lassen, besinne sich auf sich selbst, besinne sich auf seine wahren Wünsche, und bedenke, dass sein Charakter sein Schicksal (Karma) ist! Wenn man sich an sich selbst erinnert, kann man die 'schwarzen Schatten' in das Licht der Erkenntnis verwandeln, dadurch die schwarzmagische Programmierung des Charakters löschen und das eigene Schicksal, also das, was

---

3   Eine ausführliche Anleitung hierzu erhält man in dem Buch: Tarot-Geister rufen, Norderstedt 2009.

einem geschickt wird, in den Griff bekommen. Die Schaltzentralen des Körpers bei der Steuerung (Umwandlung / Lenkung) der Körperenergie (Schwingung / Geist) heißen Chakra. Die Beeinflussungs-möglichkeiten der Chakras sind vielfältig. Sie gehen von direkt auf die körperliche Ebene einwirkende Methoden, wie Tanz, Yoga, Tai Chi, bis hin zu Methoden für die spirituelle Ebene mit Heilsteinen, Aromatherapie, Bachblüten, Meditation u.ä., über jene das Bewusstsein und damit die Entscheidungsebene des Individuums beeinflussende Methoden, wie Kartenlegen, Rituale, Pendeln, Orakel, Traumdeutung, etc.. Wenn wir im Sinne der Großen Göttin wirken wollen, müssen wir aus all dem jeweils die Methode der Energielenkung für uns heraussuchen, die unsere Energie und damit unser Dasein am besten zum Positiven wendet. Kriterium beim Bestimmen der besten Methode bleibt dabei unser Gefühlszustand. Im Umgang mit ‚schwarzer Magie' gilt in jedem Fall, um das ‚böse Leiden' in den KA zu verwandeln, der nachts in der Unterwelt die Harmonie wieder herstellt, muss die Disharmonie (Ungerechtigkeit, Ungleichgewicht) bemerkt, bewusst wahrgenommen werden (‚*Gefahr erkannt, Gefahr gebannt*' sagt der Volksmund.). Desweiteren darf man sich nicht beeindrucken lassen. Bei schwarzmagischen Prägungen des Charakters stammt die schwarze Magie bereits aus der Vergangenheit. Man erkennt die schwarzmagische Prägung des Charakters am sogenannten ‚Überreagieren'. Wenn man sich z. B. über Kleinigkeiten ärgert und aufregt, oder in Panik gerät, sobald man durch Ereignisse überrascht wird, sollte man von einer schwarzmagischen Prägung ausgehen, die aus der Vergangenheit stammt. Neben der Erkenntnis der Ursache hilft hierbei oft ein Mantra der Vergebung, um frei zu werden. Dabei wiederholt man innerlich ca. 15 Minuten oder so lange wie nötig das passende **Vergebungs-Mantra**, auch in Kombination miteinander:

"Ich vergebe mir selbst." „Ich vergebe meiner Lebenssituation." „Ich vergebe meiner Arbeitssituation." „Ich vergebe meiner Beziehungssituation." „Ich vergebe meiner finanziellen Situation." (etc. - jeder denke sich selber das für seine Situation passende Vergebungs-Mantra aus.)
Der Mensch kann nicht jederzeit vergeben. Es ist eine Fähigkeit, die tatsächlich nur vorhanden ist, wenn man im Einklang mit der Kraft ist, die ausgleicht. Wenn man vergeben kann, so ist man in der glücklichen Lage von widrigen Umständen oder Menschen befreit zu werden, indem man im Akt des Vergebens von den unangenehmen Gefühlen, die mit den Gedanken an diese Umstände oder Menschen verbunden sind, erlöst wird.

Wenn es also nötig ist, versuche man in Zeiten, in denen man sich über etwas ärgert, eine *Autosuggestion vor dem Einschlafen*, etwa so:

„Ich vergebe von Herzen! Ich vergebe meiner Lebenssituation. Ich vergebe meiner Arbeitssituation. Ich vergebe mir selbst. Ich vergebe meinen Eltern. Ich vergebe meinen Geschwistern. Ich vergebe meinen Kindern. Ich vergebe meinen Mitmenschen. Ich vergebe der Welt."

Man variiere den Spruch je nach Bedarf und wiederhole ihn so lange, bis der Schlaf kommt. Insofern man im Einklang ist mit der Kraft, die ausgleicht (Schöpfungskraft), wird man sich befreit fühlen.

Dadurch, dass sich die Schwingungen des spirituellen Körpers mit dem Emotionalkörper verbinden, fängt dieser an schneller zu schwingen und verliert die Erinnerung an die negative Erfahrung. (Vgl. Sharamon, Baginski, 1992)

Alternativ zu einem Vergebungs-Mantra ist Reiki das geeignete magische Mittel, entweder als Fernreiki auf die Vergangenheit oder als Umwand-lungsreiki für die augenblicklichen negativen Gefühle. Beachte: Reiki, als mächtiges Instrument zur Energieumwandlung, darf nur auf negative Energie angewendet werden.

Umwandlungszauber bei Kenntnis der Ursache

Schon immer gab es Menschen, die mit Hilfe von Magie Ungerechtigkeiten, die man ihnen antat, ausgleichen konnten, denn es ist lediglich notwendig, die aus der Ungerechtigkeit resultierende negative Energie umzuwandeln, indem man z.B. die Ungerechtigkeit erkennt und beim Namen nennt und die negative Energie, die diese Ungerechtigkeit hervorruft, wahrnimmt und beispielsweise mit Hilfe eines kleinen Rituals umwendet (projiziert). Der Sage nach geschah einmal folgendes:

„Das Feuer der Hexe
Eine Witwe im Ries hatte einen Sohn, der war ein Einspänniger, der fuhr auf der Straße und ernährte damit seine alte Mutter. Da geschah es, dass er von einem Herrn von Hohenstein gefangen und geschatzt wurde, und seine Mutter mußte ihn auslösen. Dies begab sich auch zum zweiten Mal, und die Mutter opferte all ihr Hab und Gut und löste den Sohn wieder aus. Als nun der Sohn zum dritten Mal ergriffen und auf das Schloß geschleppt und in den Turm geworfen wurde, vermochte die arme alte Witwe nicht noch einmal den Sohn auszulösen, denn sie war durch die vorigen beiden Schatzungen ganz verarmt. Und obschon sie sich mit flehenden Bitten an den Ritter wandte, so schlug doch deren keine an. Da sprach die Frau zu dem Herrn von Hohenstein: »Ihr habt mich zu einer Bettlerin gemacht, und nun wollt Ihr mir meinen Sohn im Turm verfaulen lassen! Aber ich schwöre Euch: Ehe noch mein Sohn verfault, sollt Ihr verdorren!« Der Ritter lachte über diese törichte Drohung, gab der Alten einen Fußtritt und ließ sie ziehen. Die Alte aber, die eine Hexe war, machte daheim unter Zauberformeln ein Bildnis, das setzte sie in einen Häfen und rückte den zum Feuer. Am anderen Morgen nach dem Frühmahl stand der Herr von Hohenstein bei einigen Edelleuten, die ihn besuchten, auf der Brücke und

unterhielt sich mit ihnen; plötzlich aber begann er aufzuschreien: »Au! Au! Das brennt, das brennt!« Und er krümmte sich und schrie: »Feuer! Feuer! In meinen Eingeweiden! – Hu, die alte Hexe verbrennt mich! – Sattelt, sattelt mein Pferd!« Und er ächzte und stöhnte und warf sich auf das vorgeführte Pferd, sprengte nach Comburg in das Kloster, ließ sich mit den Sterbesakramenten versehen und war am anderen Tag am inneren Brand gestorben. Er liegt zu Comburg im Gang vor dem alten Kapitelhaus begraben. Er soll der letzte Hohensteiner gewesen sein, und sein Namensvetter auf dem Harz, der letzte Graf von Hohenstein, Lohr und Klettenberg, hätte nicht mit ihm getauscht; derselbe, dessen Grabmal dem des biederen Ritters Götz von Berlichingen so ähnlich sieht." (Bechsteins Deutsches Sagenbuch, S. 722)

Wer im Fall von Ungerechtigkeit (Konflikt) das ‚böse Leiden' nicht auf sich sitzen lassen, sondern es wieder in positive Energie umwandeln will, indem z.B. die negative Information zurückgeschickt wird, für den habe ich hier ein Ritual für einen Umwandlungszauber aufgeschrieben:
Du brauchst einen Bergkristall, dieser Kristall wird als festgewordenes Ur-Wasser bezeichnet und besitzt in der Hand eines Umwandlers (Magiers / Hexe / Schamane) die Gabe, Energie bzw. Information zu transportieren. Wenn du ungestört bist, ziehe den magischen Kreis um dich herum, konzentriere dich auf den Schmerz und die ‚böse Absicht' jenes Menschen, der dir das angetan hat. Nimm deinen Bergkristall in die rechte Hand, halte ihn in Höhe des Herzens und visualisiere wie all dieser Schmerz als Schwärze aus deinem Herzen in den Bergkristall fließt, bis der Bergkristall vor deinem inneren Auge vollkommen schwarz ist. Lass die Hand sinken, schließe deine Augen und visualisiere, dass du dich wie ein Diskuswerfer mehrmals auf der Stelle drehst und den schwarzen

Bergkristall zusammen mit deinen negativen Gefühlen gegen die Person schleuderst. Siehe vor deinem inneren Auge, wie das Schwarze in der Person stecken bleibt und dein Bergkristall vollkommen rein und klar wie ein Bumerang in deine Hand zurückkehrt. Öffne die Augen, löse den magischen Kreis und spüre in dich hinein. All der Schmerz muss einer ruhigen Gelassenheit gewichen sein. Dann vergiss es und nimm deinen Alltag wieder auf in der Gewissheit, dass die Große Göttin für dich sorgt und dein KA (das umgewandelte Leiden) die Dinge nachts in der Unterwelt für dich regelt.

Wem es widerstrebt, die negative Energie zurück zu schicken, der kann alternativ dazu den Bergkristall mit dem visualisierten Schwarzen als Bumerang hoch in den Kosmos in die weißglühende Sonne der Gerechtigkeit schießen, dort wird alles Schwarze in Licht verwandelt und der gerechte Ausgleich vollzogen. Aber auch in diesem Fall muss der Schmerz einer ruhigen Gelassenheit gewichen sein, damit der Zauber wirkt.

Das Geheimnis ist die Umwandlung. Wir kommen aus dem Jenseits und gehen ins Jenseits. Geist wandelt sich in Körper und Körper in Geist. Nichts ist statisch. Alles ist Tanz. Jedoch haben wir zwischenzeitlich die Aufgabe der bewussten Lenkung von Energie, indem wir die gerade abwesende Energie mit einbeziehen. Mittels unseres Geistes, der die Abwesenheit, z.B. von Freude, bemerkt und es nicht duldet, verwandeln wir den Schmerz in Gelassenheit, indem wir z.B. im Ritual, auf der abwesenden Energie bestehen und dadurch die anwesende negative Energie loslassen. Das ist im Einklang mit dem Tanz des Kosmos, der, wie wir am Beispiel des Wechsels der Jahreszeiten erkennen, in ewiger Wiederkehr, das Anwesende dem Vergehen übergibt und das Abwesende dem Werden. Wir übergeben im oben genannten Beispiel mit bewusster Absicht visuell den Schmerz dem Stein und transportieren ihn ins Licht oder zum Gegenpol. So wird der Schmerz ins Gegenteil verwandelt.

Umwandlungszauber ohne Kenntnis der Ursache

Als Magie zur Umwandlung negativer Energie, deren Ursache man nicht kennt, ist Reiki ein Mittel erster Wahl. Reiki ist ein machtvolles Instrument zur Energieumwandlung und sollte ausschließlich von erfahrenen Anwendern für negative Energien (Leiden, Probleme) benutzt werden.
Da aber nicht jeder von uns ein Lichtarbeiter ist bzw. sich mit Reiki auskennt, kann auch die folgende Visualisierung das Umwandlungs-Ergebnis erzielen:

Um einen Fluch bzw. eine schwarzmagische Manipulation zu beseitigen, verwende eine schwarze, eine weiße und eine grüne Kerze. Besorge dir durchgefärbte Kerzen.
Zünde zuerst die schwarze, dann die weiße, dann die grüne Kerze an. (Sinn: das Paradies in der Unterwelt wiederherstellen – schwarz ist die ‚Große Göttin', weiß ist der ‚Große Gott', grün ist deine Existenz auf Erden).
Ritze in die grüne Kerze deinen Namen hinein. Nimm die schwarze Kerze und ritze den Namen HATHOR hinein. Nimm die weiße Kerze und ritze den Namen RA hinein. (Oder wähle die Namen der entsprechenden Götter aus deinem Lieblings-Pantheon; denselben Zweck erfüllen auch die Namen ‚Maria' und ‚Christus'). Ziehe den magischen Kreis, stelle die drei Kerzen in Form eines Dreiecks, mit der Spitze nach unten vor dich auf deinen Altar. Die untere Spitze wird von der grünen Kerze markiert, die rechte obere Spitze von der weißen und die linke obere Spitze von der schwarzen Kerze. Zünde nun die Kerzen im Uhrzeigersinn an. Beginne mit der schwarzen. –
Setze dich in eine bequeme Haltung davor, lege einen Kerzenlöscher neben dich, entspanne dich und atme mehrmals tief durch. Konzentriere dich auf die grüne Kerze und schließe deine Augen. Dann stell dir in deiner Brust ein

grünes Leuchten vor, dass sich allmählich im ganzen Körper ausbreitet. Nun stell dir zusätzlich im Kopf ein grünes Leuchten vor, dass sich im ganzen Kopf ausbreitet und mit dem grünen Leuchten in deiner Brust verbindet. Fühle dich einige Augenblicke in tiefes Grün eingehüllt und eingetaucht. Bitte nun, dein synchronisiertes grünes Selbst um Transformation der negativen Gefühle in deinem Körper. Benenne die Körperstelle, die verspannt ist oder schmerzt genauer. Z.B.: „Ich bitte mein synchronisiertes grünes Selbst um Transformation der Schmerzen in meiner linken Körperseite." Wiederhole diesen Satz so lange, bis du deutlich eine körperliche Rückmeldung erfährst. Das kann ein Farbwechsel sein, der sich plötzlich vor deinem inneren Auge abspielt. Das kann ein Wort sein, das dir plötzlich ins Bewusstsein kommt. Das kann einfach das Nachlassen der Spannung, des Schmerzes sein. Was es auch ist, es muss das Körpergefühl verändern. Mit der Veränderung des Körpergefühls zum Positiven hin, ist der Sinn des Rituals erfüllt. Wenn sich keine Veränderung des Gefühls einstellt, wiederhole den Vorgang mit einem blauen Leuchten (violetten Leuchten, weißen Leuchten).

Dann öffne die Augen, rezitiere einen Zauberspruch, etwa so: ‚Wie die Sonne die Dunkelheit verwandelt, so wird auch das Schicksal neu verhandelt. Durch die Macht von Drei mal Drei geht es mir gut, auf dass es so sei." Dann nimm den Kerzenlöscher und lösche die Kerzen gegen den Uhrzeigersinn, beginne mit der schwarzen Kerze. Löse den magischen Kreis und verwahre deine Kerzen bis zum nächsten mal an einem sicheren Platz (verwende dieselben Kerzen nur für diese Art Ritual). Denke nun nicht weiter darüber nach, vergiss es und nimm deinen Alltag wieder auf.

Für den Fall, dass du ungeübt im Visualisieren bist, versuche zuerst mittels Meditation ein Gefühl für dich und deinen Körper in deiner Vorstellung zu bekommen, indem du folgende Meditation in Rückenlage auf dem Boden oder dem Bett ausführst. Du solltest mindestens 30 Minuten ungestört sein.

Umwandlungs-Lichtmeditation

Sprich den folgenden Text (vgl. Johnson, 1995) auf eine Kassette oder CD und meditiere damit, wenn du ungestört bist:

Atme einige Male tief durch und wiederhole dabei mehrmals diese Affirmation:
„Ich entspanne mich tiefer und tiefer"
„Ich entspanne mich tiefer und tiefer"
„Ich entspanne mich tiefer und tiefer"
… usw.
Ich lasse nun meinen Atem zwanglos und friedvoll kommen und gehen. Ich fühle einen Smaragd im Zentrum meiner Brust und lasse zu, dass seine grünen Lichtstrahlen mein Herzzentrum erweitern und durch meinen ganzen Körper strahlen.
Jetzt stelle ich mir gleichzeitig einen Smaragd im Mittelpunkt meines Gehirns vor und spüre, wie sich seine grünen Lichtwellen durch das ganze Gehirn ausbreiten, das Mittelhirn, die rechte Hemisphäre und die linke Hemisphäre, das alte Gehirn am hinteren Teil des Kopfes.
Ich bitte nun mein ganzes Gehirn, sich mit den grünen Wellen des mittleren Alphabereichs zu synchronisieren und lasse zu, das die Empfindung der Lichtwellen sich ausbreiten und mich vollständig erfüllen, Gehirn, Körper und Aura.
Ich bitte mein Gehirn und mein Selbst darum, die Lichtwellen in meinem Innern zu fühlen. Ich fühle wie sie sich zuerst im Gehirn und dann im Rückenmark

ausbreiten und jede einzelne Zelle im Körper erfüllen und durchdringen. (Vielleicht empfängst du ein bestimmtes sinnliches Feedback gleich von Anfang an, es ist aber auch möglich, dass erst nach einige Male die Wirkung spürbar wird. Früher oder später wirst du auf jeden Fall lernen, die Bewegung der Wellen im ganzen Körper zu spüren.)
Ich fühle jetzt einen Saphir im Zentrum meiner Brust und lasse zu, dass seine blauen Wellen mein Herzzentrum erweitern und meinen ganzen Körper durchströmen. Ich stelle mir nun gleichzeitig einen Saphir im Mittelpunkt meines Gehirns vor und spüre, wie sich seine blauen Wellen durch das ganze Gehirn ausbreiten, durch das alte Gehirn, das Mittelhirn, die rechte Hemisphäre und die linke Hemisphäre.

Ich bitte nun mein ganzes Gehirn sich mit den blauen Wellen des unteren Alphabereichs zu synchronisieren und lasse es zu, dass die Empfindung der Wellen sich vollständig ausbreiten und mich erfüllen, Gehirn, Körper und Aura.
Ich fühle die Wellen, die konkreten Energieschwingungen in meinem Innern, wie sie sich ausbreiten und dann über das Rückenmark jede einzelne Zelle meines Körpers durchdringen.

Ich fühle nun einen Amethyst im Zentrum meiner Brust und lasse zu, wie die violetten Wellen mein Herzzentrum erweitern und durch meinen ganzen Körper strömen.
Ich stelle mir nun gleichzeitig einen Amethyst im Mittelpunkt meines Gehirns vor und spüre, wie sich seine violetten Wellen durch das ganze Gehirn ausbreiten, durch das alte Gehirn, das Mittelhirn, die rechte Hemisphäre, die linke Hemisphäre.
Ich bitte nun mein ganzes Gehirn, sich mit den violetten Wellen des oberen Thetabereichs zu synchronisieren und lasse es zu, dass die Empfindung der Wellen mich vollständig erfüllen, Gehirn, Körper und Aura. Ich fühle

die Wellen, die konkreten Energieschwingungen in meinem Innern, wie sie sich zuerst in meinem Gehirn ausbreiten und dann über das Rückenmark jede einzelne Zelle meines Körpers durchdringen.

Ich fühle nun einen Diamanten im Zentrum meiner Brust und lass zu, wie die weißen Wellen mein Herzzentrum erweitern und durch meinen ganzen Körper strömen.
Ich stelle mir nun gleichzeitig einen Diamanten im Mittelpunkt meines Gehirns vor und spüre, wie sich seine weißen Wellen durch das ganze Gehirn ausbreiten, durch das alte Gehirn, das Mittelhirn, die rechte Hemisphäre, die linke Hemisphäre.
Ich bitte nun mein ganzes Gehirn sich mit den weißen Wellen des mittleren Thetabereichs zu synchronisieren und lass es zu, dass die Empfindung der Wellen mich vollständig erfüllt, Gehirn, Körper und Aura.

Ich fühle die Wellen, die konkreten Energieschwingungen in meinem Innern, wie sie sich zuerst in meinem Gehirn ausbreiten und dann über das Rückenmark jede einzelne Zelle meines Körpers durchdringen.

(Sobald du den Diamanten fühlst, empfinde dessen Mittelpunkt als dein eigenes Herzzentrum. Bitte den Diamanten sich auszudehnen, um dein Gehirn, deinen Körper und deine Aura zu erfüllen. Empfinde diesen Diamanten mit seinen weißen Lichtwellen als dein eigenes synchronisiertes Selbst. Sprich mehrmals die Affir-mation:
„Ich bin mein eigenes synchronisiertes Selbst."
„Ich bin mein eigenes synchronisiertes Selbst."
„Ich bin mein eigenes synchronisiertes Selbst."
...
usw.)

Ich bitte nun um ein sinnliches Bild von meinem synchronisierten Selbst und aus meinem synchronisierten Selbst.
...
Und ich bitte nun um eine Affirmation aus demselben tiefen Raum in meinem Innern.
...
Ich fühle, wie sich mein synchronisiertes Selbst ausdehnt und stelle mir eine vergangene Situation vor, in der ich tiefen Frieden empfunden habe. Ich benutze meinen gesamten Sinnesapparat (riechen, schmecken, hören, sehen), um mir die Szene zu vergegenwärtigen. Ich spüre die Lebendigkeit dieser Szene. Ich bitte darum, dass alle gegenwärtigen begrenzenden Gedanken, negativen Gefühle und Überzeugungen in diese Szene geholt werden und lasse zu, dass sie von dem empfundenen Gefühl tiefen Friedens transformiert werden.

Des Menschen Wille ...

... ist sein Himmelreich. (Volksmund) Und: *Was du nicht willst, das man dir antut, das füge auch keinem anderen zu.* (Volksmund) Daraus wurde das Hexencredo:
„*Alles, was du aussendest kehrt dreifach zu dir zurück, deshalb tue was du willst, aber schade niemandem.*"
Dieses Credo verwässert die Essenz der Magie, denn es beruht auf einem rein mechanistischen Weltbild. Deshalb sollte man diesen Spruch nicht so ernst nehmen. Sobald man davon ausgeht, dass jeder das erhält, was er verdient, auch wenn er es nicht für möglich hält, hat dieser Satz keine Geltung mehr. Denn das was du aussendest kann ein Teil von jener Kraft sein, die ‚stets das Böse will und stets das Gute schafft' (Goethe). Anders ausgedrückt: *Die Welt ist* (für dich, d. V.)*, wofür du sie hältst.* (Huna) Es versteht sich von selbst, dass man nicht einfach hingeht und z.B. jemanden umbringt, wenn

es einem ‚in den Kram' passt. Das verstößt gegen jede Regel mitmenschlichen Miteinanders. Als Credo reicht deshalb völlig aus: „*Wenn es niemandem schadet, tue, was du willst.*" (Crowley, S. 56) Allenfalls könnte man noch hinzufügen: „*Schade auch dir selbst nicht.*"
Wir können selbstverständlich, wenn es uns schlecht geht, den vermeintlichen Verursacher unserer Schmerzen nach Herzenslust verwünschen, ohne uns selbst dadurch in Gefahr zu bringen. Im Universum des Feinstofflichen, durch das wir alle miteinander verbunden sind, geschieht ohnehin nichts, was im Namen der großen Göttin verändert werden soll, ohne ihr Einverständnis. Anders ausgedrückt: Der Fluch trifft denjenigen nur, wenn die Große Göttin es zulässt. Andernfalls passiert überhaupt nichts. Dies bezeugt ein Vers in einem Zigeunerlied, der auch als Zauberspruch gegen Krankheit verwendet wurde:

    Sieben Dämonen kamen übers Feld gegangen,
    Wollten des Mannes Leben fangen,
    Wollten, dass es sterbe,
    Wollten, dass es verderbe,
    Doch stärker war das Leben,
    Sie mussten frei es geben.

Es gilt in dem Kräftefeld der zwischenmenschlichen Beziehungen nicht für alle Menschen ein Gesetz der Resonanz, da nicht alle Menschen gleichermaßen von sich entfremdet sind. Einige Menschen entscheiden selbst, ob sie in Resonanz gehen oder nicht. Es gibt aber, nach Hathors Gesetz der Metamorphose der Gegensätze in ihr Gegenteil, eine Kraft des Ausgleichs (Gleichgewicht, Gerechtigkeit, Wahrheit – was alles dasselbe ist!), die im Naturkreislauf wirkt. Wenn demnach ein Zauber nicht wirkt oder womöglich auf den Verursacher zurückfällt, war er vermutlich ungerecht oder entsprach **nicht** der Wahrheit und somit der natürlichen Kraft, die ausgleicht, oder traf auf jemanden, der ihn zurückgeschickt hat, was dasselbe wäre. Dann muss man bei sich selbst weiter

nach der Ursache für sein Leiden suchen bzw. sich fragen, was die Große Göttin will, das man lernt, indem sie einen dies Schicksal (Charakter) verhängt hat. Manch ein ‚guter' Mensch soll vielleicht lernen etwas ‚böser' zu werden und ein ‚böser' Mensch soll vielleicht lernen etwas ‚besser' zu werden.
Die einzige Aufgabe, die man hier auf Erden hat, ist MA'AT zu verwirklichen, also selbst für die Sicherheit seiner Seele zu sorgen, indem man immer wieder sein Gleichgewicht sucht, dadurch das ‚böse Leiden' (den Protest der Seele) beendet und sich gleichzeitig selbst schöpft bzw. die im Protest gebundene Energie wieder zur freien Verfügung hat.

Das kann für manch einen möglicherweise auch einmal bedeuten: ‚nichts schuldig zu bleiben', weil man erst dann seine Schwierigkeiten, den Widerstand in seinem Leben überwindet, andernfalls kommt man nicht weiter, entwickelt sich nicht weiter, weil man die in der eigenen Natur wirkende Ausgleichskraft gegen sich hat.
Wir müssen bei unseren Entscheidungen drei Dinge berücksichtigen: das, was wir selbst wollen; das, was die Menschen, mit denen wir es zu tun haben wirklich wollen; und, in welche Richtung die Kraft, die ausgleicht, wirkt. Demnach lernen wir herauszufinden, was die Menschen unserer Umgebung wirklich wollen und bringen das in Einklang mit unseren eigenen Bedürfnissen, danach handeln wir unserer Erkenntnis entsprechend, und denken daran: ‚Wirksamkeit ist das Maß der (bewussten, d. V.) Wahrheit' (Huna). Und: Entspannung und das Fließen unserer Energie ist das Kriterium für den Einklang mit der ‚Richtung der im Verborgenen wirkenden Kraft im Universum, die ausgleicht' (AMUN), den Einklang mit der Großen Göttin.
Wenn wir nicht wissen, was die Menschen in unserer Umgebung wollen, weil man sie nicht einfach fragen kann, weil sie z.B. selbst nicht wissen, was sie wirklich wollen, dann fragen wir das Orakel, das Tarot, den Schwarzspiegel oder das

Pendel, je nachdem, was uns am besten dient. Oder wir meditieren darüber, suchen im Traum die Antwort, usw. Dasselbe tun wir, um unseren eigenen Willen zu prüfen. Und, wenn wir wissen was wir wirklich wollen, dann verknüpfen wir Wille und Vorstellung durch den realen Bezug (z.b.: im Ritual, durch Kreation des Zauberspruchs; und in der äußeren Welt, durch Suchen nach der realen Möglichkeit). Die Energie erhalten wir durch die reale Möglichkeit unsere Absicht zu verwirklichen. Der bewusste Wille genügt, um unseren KA in Bewegung zu setzen, der die Dinge nachts in der Unterwelt für uns regelt. Wenn wir nicht wissen was wir wollen, fragen wir z.B. das Tarot und stellen uns dann, wenn uns klar ist, was wir wollen, dieses Ergebnis in allen Einzelheiten, mit allen Sinnesorganen (fühlen, riechen, schmecken, sehen) vor. Das tun wir immer vor dem Einschlafen: Visualisieren wir z.B. Schönheit, Gesundheit, Reichtum und Liebe, wenn es das ist, wonach wir uns sehnen, denn ‚Energie (KA, d.V.) *folgt der Aufmerksamkeit'* (Huna). Alternativ dazu kann man Fernreiki auf seine Wünsche anwenden. Beides funktioniert garantiert. Die Frage ist nur: wann? Denn alles was aus unserem Karma (Schicksal / Charakter) dem Wunsch entgegensteht, muss erst beseitigt werden. Schneller geht es, wenn wir zusätzlich in unserer ‚Mitte' sind, das heißt, wenn wir regelmäßig selbst aktiv unser Gleichgewicht suchen (mit Yoga, z.B. der Yoga-Übung „Baum", oder / und Orientalischem Tanz) bzw. selbst aktiv immer wieder mittels der verschiedenen Möglichkeiten wie z.B. Tanz, Qigong, Meditation etc. negative Energie umwandeln. Das Ersehnte stellt sich dann irgendwann von selbst ein, möglicherweise anders, als wir es uns vorgestellt haben. Möglicherweise viel besser, als wir es uns vorstellen konnten.

Finde deine Mitte

Das Gleichgewicht zur Schöpfungskraft, die eigene Mitte, kann man unter anderem auch mit Hilfe der Frequenzen der Halbedelsteine Schneeobsidian und Bergkristall finden. Dabei wirkt Schneeobsidian auf den einen Pol und Bergkristall auf den anderen Pol des Körpers (+/-). Für die Chakras unterhalb des Herzchakras benutzt man zum Ausgleich die Schwingung des Schneeobsidians und für die Chakras oberhalb des Herzchakras die Schwingung des Bergkristalls.
Man besorge sich mindestens wallnussgroße Steine. Man legt Schneeobsidian und Bergkristall zum Zwecke der Meditation auf die jeweils gegenüberliegenden Chakras und zwar wie folgt:
> Lege dich auf den Rücken, dann lege den Schneeobsidian eine Hand breit unterhalb des Bauchnabels auf das Schambein (Sakralchakra) auf die nackte Haut, den Bergkristall auf die Stirn (Stirnchakra). Atme ein und atme aus und konzentriere dich auf den Atemrhythmus, dann konzentriere dich auf die Stellen, an denen die Steine liegen und stell dir vor ‚wie der Schneeobsidian vom Schambein nach rückwärts zum Steißbein und der Bergkristall von der Stirn in den gesamten Schädel strahlt.' (vgl. Hodosi, 1996) Die Wirbelsäule verbindet als Lichtstrahl die beiden Chakras. Fühle die beiden Stellen des Körpers, an denen die Steine aufliegen und überlass dich diesem Gefühl an diesen beiden Polen, denke an gar nichts und fühle dich nur ein. Das Ziel der Meditation ist erreicht, sobald du spürst wie sich dein innerer Körper erhellt (oder wohlig warm wird). Du bist wieder in deiner Mitte.

Auf die gleiche Weise kann man mit den anderen einander gegenüberliegenden Chakras verfahren.
Um Herzschmerz zu beseitigen, der aus einer alten Wunde stammt, aus einer schwarzmagischen Manipulation in der Vergangenheit, und die durch einen aktuellen Anlass aktiviert

wird und erneut zu wirken beginnt, lege den Bergkristall direkt auf das Herzchakra und den Schneeobsidian auf das Sakralchakra, und fühle dich in die Stellen so lange ein bis der Schmerz verschwindet.

Gaia – oder: Die Kraft der heimatlichen Erde

Für die Erfüllung unserer Wünsche ist die Kommunikation mit **Gaia** – das ist der griechische Name für unseren Planeten Erde als eine Göttin - von besonderer Bedeutung. Denn die Kraft des Ortes, an dem wir uns befinden und die Atmosphäre des Raumes, indem wir uns aufhalten, üben einen subtilen Einfluss auf unsere Psyche dergestalt aus, das sie sie stärken oder schwächen und somit unsere Lebenskraft beeinflussen. Deshalb gilt auch hier, auf den Ort, an dem wir uns hauptsächlich aufhalten, besonders sorgfältig acht zu geben, und dafür zu sorgen, das wir auch hier Ungleichgewichte ausgleichen und nach Harmonie streben bzw. MA'AT verwirklichen.
In der chinesischen Lehre des **Feng Shui** will man dieses Ziel verwirklichen, aber auch in der aus Indien überlieferten Lehre des **Vasati** versucht man, die Kommunikation zwischen Mensch und Raum an einem gegebenen Ort durch die Berücksichtigung der kosmischen Kräfte für den Menschen förderlich zu gestalten. Kurz: Das harmonische Miteinander aller elementaren und kosmischen Kräfte an dem Ort, an dem wir uns aufhalten, wirkt auf unsere Natur ein und trägt zu unserem Glück bei, denn entscheidend ist die Wirkung im Feinstofflichen.

Ohne die Harmonie der elementaren und kosmischen Kräfte
am Ort eines Heims kann folgendes passieren:

Der Ignorant

Deine Wohnung kann dich umbringen.
Und sei sie noch so schön.
Du glaubst es nicht? Dann beachte Vasati
und du wirst sehen:
Eine geschlossene Wand im Norden,
die Haupteingangstür im Süden
und schon ist 's um dich geschehen:

Der heilende Lebensstrom unseres Planeten,
aus dem Norden kommend, wird blockiert.
Der Süden öffnet dem Tod Tür und Tor –
Unwissender Bewohner sieh dich vor.

Es kann noch Jahre dauern und
die Schwierigkeiten häufen sich.
Das Beste wäre, du zögest aus.
Ein Unglück nach dem anderen schwächet dich
Und du weißt nicht einmal: das liegt am Haus.
Gibst die Schuld allen und jedem,
nur nicht dir selbst und ich sage dir,
Neugier ist das Einzige,
was dir helfen kann hier.

Die Gier nach Bildung und dem Wissen
aus fremder Kultur und altem Brauch,
war niemals ‚dein Ding'.
Warum solltest du auch?!
Nun ist es zu spät, du ruhst dich jetzt aus,
drei Meter tief unten, in einem anderen Haus.

Das Symbol für Lebenskraft / Schöpfungskraft / Energie / Sexualität / Chi / HEKA etc. ist die **Schlange**. Die Schlange kann auch direkt als Symbol für die Große Göttin dienen. Die Schlange ist ein erdverbundenes Tier und erinnert uns ganz stark an unsere eigene Herkunft aus Gaia, an unseren Ursprung aus der Natur und unsere Verbundenheit mit ihr. Von Gaia bekommen wir unsere Kraft, und für den Fall der Harmonie aller Kräfte an dem Ort, an dem wir leben, nährt sie uns und schützt uns. Zu ihr kehren wir wieder zurück entsprechend dem Gesetz des Werdens und Vergehens und den Umwandlungen der einen Polarität in die andere, das der gesamten Schöpfung zugrunde liegt. Diese Wandlungen und Verwandlungen, die sich mit Hilfe der Ausgleichskraft (Schöpfungskraft) vollziehen, sind es, die unser Leben bestimmen und von uns bewusst mitgestaltet werden sollen, um die Harmonie in der Schöpfung zu fördern und damit unserer eigenen Vervollkommnung, durch die verschiedenen Stadien der Verwandlung (den Häutungen der Schlange) hindurch, zu dienen.

Die Bedeutung der Träume

Die Große Göttin regiert die Nacht. Sie verwandelt sich jede Nacht von Finsternis in Licht. Im Jahresverlauf immer zu Neumond beginnt sie jeweils auf einer anderen Stufe der Verwandlung ihre nächtliche Metamorphose. Sie schickt uns Botschaften in den Traum.
    Benutze das Göttinnen-Orakel, das du dir mit den Steinen gemacht hast. Nimm morgens einen Stein heraus aus deinem Beutel, schlage die entsprechende Seite in diesem Buch auf und schaue nach, welche Botschaft dir die Göttin in der Nacht gebracht hat. Auf diese Weise kannst du selbst dann, wenn du deine Träume vergessen hast, einen Hinweis erhalten, der dir weiterhilft bei der Suche nach dem

Gleichgewicht und damit dem Frieden deiner Seele.

Wesentlich konkreter wird es für dich, wenn du zusätzlich deinen Traum aufschreibst und deutest bzw. mit der Botschaft der Göttin in einen Zusammenhang bringen kannst, der für dich von Bedeutung ist. Im Traum wird aus Gegenwart, Vergangenheit und Zukunft sowie den ursprünglichen Absichten, die man selbst hat und den Absichten der Umgebung ebenso wie dem Wirken 'der Kraft, die ausgleicht' (AMUN), ein Konglomerat von Bildern für unsere Seele, die im Schlaf hinab gestiegen ist, zum Ursprung ihrer Herkunft, ins Unbegrenzte, in dem alles miteinander verbunden ist, um den Körper regenerieren zu lassen und, auf der Suche nach Erfüllung, Frieden zu finden. Die Botschaft dieser Bilder zu entschlüsseln, hilft uns, das was uns geschickt wird, zu erkennen und damit hat man die Chance z.B. Unangenehmes abzuwenden oder Möglichkeiten wahrzunehmen, indem man im Alltag entsprechend handelt. Ebenso kann man sich im Traum mit Verstorbenen und Lebenden treffen, seine Wünsche erfüllen oder wie es die alten Ägypter sagten: ‚das Paradies in der Unterwelt wiederherstellen', indem man aktiv ins Traumgeschehen eingreift.

Schließlich ist es dein Traum, du bist der Schöpfer! Wenn dir das im Traum bewusst wird, kannst du die Handlung im Traumgeschehen zu deinen Gunsten ändern. Ebenso kannst du dir bei Problemen den Ausweg oder die Ursache (Wahrheit – RA) zeigen lassen, wenn du mit der Frage danach im Herzen einschläfst. In jedem Fall gilt, das Göttliche ist Herrscher über die Unterwelt, das Unbegrenzte, das Uferlose, die Finsternis, die Nacht. Wenn du dich von ihm beschützen lässt, weil du vor dem Einschlafen innerlich z.B. den Namen der Göttin anrufst, indem du z. B. die Silben mit dem Ein- und Ausatmen ver-knüpfst, bist du in den besten Händen. Natürlich ist nicht jeder Traum wichtig und bedeutungsvoll, vermutlich *sind* viele *Träume* tatsächlich *Schäume* (Volksmund). Um jedoch die wichtigen von den unwichtigen zu unterscheiden oder / und, um sich selbst mit seinen Emotionen und Wünschen besser kennen zu lernen, hilft ein Traumtagebuch.

Schreibe mit kurzen treffenden Worten morgens die Szenerie deines Traums auf, an die du dich erinnerst, notiere zusätzlich die Lichtverhältnisse im Traum und die Gefühle, an die du dich erinnerst. Die Gegenwart betreffen die Träume, bei denen die Lichtverhältnisse im Traum mit den tatsächlichen Lichtverhältnissen übereinstimmen. Mit der Zeit bekommst du ein immer besseres Traumgedächtnis und Übung im Schreiben. Deute zunächst gar nichts. Nach einem Jahr regelmäßigen Notierens lies dir in aller Ruhe deine gesammelten Werke durch und dann kannst du den ‚roten Faden', das Thema deines derzeitigen Lebens, das deine Seele dir zeigen will, damit du es bewusst in deinem Alltag berücksichtigst, anhand wiederkehrender Motive erkennen.

Magie ist Durchsetzungskraft (Macht) und kommt von Weisheit, was mit Wissen zu tun hat, ein Wissen, das in dir selbst entsteht. Je mehr Übung du im Notieren deiner Träume bekommst, desto eher kannst du regelmäßig an die Deutung deiner Träume gehen, weil sich dir allmählich gleich beim Niederschreiben und Durchlesen intuitiv der Sinn erschließen wird. So kannst du nach und nach die Themen deines Lebens in deinen Alltag integrieren, deine Probleme lösen und dich weiterentwickeln. Im Traum erhältst du Fingerzeige (Hinweise) für die Bewältigung deines Alltags, weil deine Seele im Unbegrenzten, in der Unterwelt, mit AMUN, mit der Gottheit kommuniziert oder anders ausgedrückt: *Den Seinen gibt's der HERR im Schlafe.* (Volksmund) Diese Fingerzeige zu erkennen, ist das wirklich Wichtige. Damit der Alltag wieder harmonisch gestaltet werden kann und die Seele Frieden findet, kommuniziert die Seele im Traum mit AMUN, mit dem Göttlichen, um z.B. einen Konflikt zwischen Wunsch und Wirklichkeit zu lösen. Der Traum ist die Antwort, die der

Träumer auf eine Frage seines Herzens erhält. Natürlich ist diese Antwort selten so spektakulär, dass eine Gestalt im Traum spricht, tue dies und das. Auch ist die Frage des Herzens nicht immer bewusst gestellt, so dass wir Traumbilder erhalten, mit denen wir gar nichts anfangen können, weil wir uns oft selbst nicht kennen und nicht wissen welche Fragen wir stellen. Deshalb gilt es, bewusst beim Einschlafen die Vorstellung von der erfüllten Sehnsucht als Bild tief ins Herz zu schicken und gleichzeitig durch Atemlenkung Zuflucht zur Gottheit zu nehmen, sie führt uns durch die Unterwelt:

Denke bis du einschläfst z.B. OM (beim Einatmen), NA MAHA SHIVAJA (beim Ausatmen). Oder rufe die Große Göttin zu Hilfe, indem du z.B. denkst: „Erfüllerin der Wünsche", beim Einatmen und „Zerstörerin der Feinde" beim Ausatmen; oder denke Om (beim Einatmen) und mani padme hum (beim Ausatmen). Atme dabei ins Herzchakra ein und ins Sakralchakra aus. Probiere selbst aus, welches Mantra bei dir funktioniert oder kreiere dein eigenes Mantra nach deinem Glauben. Denn wisse: Magie ist eine Macht, die von innen kommt, wenn du entspannt bist.

'Das Tor zur Unterwelt' oder 'An AMMUT vorbei ins Licht'

Unser Intellekt kann üblicherweise Dinge nur begreifen, wenn sie getrennt vorgestellt werden und ist meistens hoffnungslos überfordert, den Zusammenhang zu übersehen, geschweige denn, Dinge zu erfassen, die sich in ihr Gegenteil verwandeln. Deshalb ist es z.B. schwierig über Jenseitiges zu reden, das ins Diesseits hineinwirkt (und umgekehrt).

Der Tod ist Ende, Stillstand, Grenze, Stopp, Finsternis, Veränderung, Blockade, auf dem Weg des Willens, der die Richtung verloren hat und ins Ungleichgewicht geraten ist: Die Trennung von Körper und Seele. Wenn der Leidensdruck zunimmt, kann man nicht so weiter machen wie bisher und muss in einen anderen Zustand übergehen, sich verwandeln, ändern, mit irgendetwas aufhören, die Richtung, den Standpunkt wechseln, oder auch nur ‚den Druck wahrnehmen und das zutreffende Wort dafür finden', um zu leben. Entsprechend der Ur-Religion der Großen Göttin sind Diesseits (Bewegung, Licht, hohe Frequenz) und Jenseits (Stillstand, Finsternis, niedrige Frequenz) Parallelwelten, die ineinander übergehen und sich durchdringen. Im alten Ägypten wusste man, dass alles Energie ist und Energie (Lebenskraft / Schöpfungskraft / Chi / HEKA etc.) nicht entzogen werden kann, sondern nur umgewandelt wird in verschiedene Aggregatzustände (Gesetz der Hathor = Metamorphose der Gegensätze in ihr Gegenteil). Deshalb hatte man zu Lebzeiten die Aufgabe sich zu vergeistigen, Körper und Geist zu vereinen, um aufzuerstehen, und im Aggregatzustand des Sterbens, also des Übergangs, hatte man die Aufgabe sich zu verkörpern, um wiedergeboren zu werden. So einfach sahen das die alten Ägypter. Sich verkörpern heißt: wahrnehmen des Protests der Seele (Blockierung, Druck, Spannung, Angst) und das zutreffende Wort, das Zauberwort, dafür finden, die Gesamtheit der realen Situation erkennen, denn das Zauberwort setzt die gebundene

Energie frei, lässt sie wieder fließen (Entspannung) und die Energie / Lebenskraft steht wieder zur Verfügung. Bei der Bewältigung dieser Aufgaben müssen immer MA'AT, die natürliche / göttliche Harmonie, und ‚Herz', Körper und Geist in der Existenz, im Gleichgewicht sein, miteinander abgewogen werden. Sind sie im Gleichgewicht (= Entspannung), kommt man an AMMUT, die große Fresserin, vorbei ins Leben, ins Licht. Bei einem Ungleichgewicht wird die ins Ungleichgewicht geratene ‚schwarze' Seele von AMMUT gefressen und man muss nochmals von vorn mit der Lernaufgabe ‚Selbstschöpfung' (= Körper und Geist vereinen) beginnen. Wenn ein Mensch zu Lebzeiten immer bemüht ist, MA'AT und ‚Herz' im Gleichgewicht zu halten, sich zu vergeistigen, und derart nach einem von Weisheit erfüllten Leben eines natürlichen Todes stirbt, kommt er gleich ins Licht, denn während seines Lebens hat AMMUT bereits das Schwarze gefressen. Wer sich auf den Weg zum Licht macht, muss also in jedem Fall an AMMUT vorbei, um frei zu sein. Das Schwarze ist einfach das Ungleichgewicht zwischen MA'AT und ‚Herz', in das man geraten ist: ein Ungleichgewicht zwischen Wille (Ziel / Absicht / Geist), Vorstellung (Bewusstsein) und realem Bezug (Gegenüber / Gegenpol): das bedeutet einen Weltverlust (Abgrund / Illusion). Da unsere Kultur bei der Erziehung zwischen Gefühl und Gefühlsbewusstsein trennt, geraten wir häufig bei unseren Handlungen in ein Ungleichgewicht, in die Illusion.

Diesen Abgrund kann man, wenn man in Meditation geübt ist, als das Schwarze in der Meditation oder im Traum sehen. Außerdem kann man diesen Weltverlust durch ändern der inneren Entscheidung und befolgen der Intuition (= den Weg des Herzens gehen) überwinden. Wenn man nicht sehen kann wie man sich entscheiden soll und unfähig ist, die Eingebung des Herzens wahrzunehmen, reicht es zunächst, einfach die Angst wahrzunehmen, zu akzeptieren und achtsam zu sein und die Dinge ohne Gier und ohne Widerstand hinzunehmen. Dies übe man so lange, bis man wieder weiß, wo es lang geht bzw. den Weg erkennt, dem man folgen will. Und dann entscheide man sich richtig, das heißt, im Einklang mit MA'AT. Die falsche Entscheidung führt zur Zerstörung, da jede Einseitigkeit zur Zerstörung führt. Es bleibt jedoch die Entscheidungsfreiheit eine Zeit lang bestehen, denn vor dem Tod, das ist die Loslösung der Seele, kommt zuerst das ‚böse Leiden', die Krankheit, der körperlich spürbare Protest der Seele gegen den Charakter, der die falsche Entscheidung getroffen hat und nicht für Erfüllung sorgen kann. Dieser Protest der Seele bindet Energie und Leiden entsteht. Die Krankheit beinhaltet daher die Chance, den Protest der Seele erkennen zu lernen, um wieder eine Stufe in der persönlichen Entwicklung voran zu gehen. Die Sexualität ist dabei ein scharfes Schwert, das zwischen Diesseits und Jenseits trennt. Sie kann sowohl zum Leben als auch zum Tode führen. Immer dann, wenn Sexualität ohne Liebe geschieht, führt sie über kurz oder lang ins Verderben. Je nachdem, ob man in seiner sexuellen Beziehung mit sich ins Ungleichgewicht geraten ist, und unfähig aufgrund charakterlicher Schwächen (= erworbene schwarzmagische Anteile) dieses Ungleichgewicht zu beseitigen, protestiert die Seele, die ein ‚ewiges Recht auf Erfüllung' geltend macht, bevor sie sich entfernt. In Ehekrisen frage man sich daher immer: „Wollen wir noch dasselbe?" „Wollten wir überhaupt jemals dasselbe?" Und falls die Ehe auf einem Kompromiss aufbaut: „Ist die Basis unseres Kompromisses noch vorhanden?" Es ist der gemeinsame Geist, der ein Paar zusammenschweißt. ‚Bis das der Tod euch scheidet', ist unter Umständen die brutale Forderung auf das ‚ewige Recht der Seele auf Erfüllung' zu verzichten bzw. darauf zu verzichten, zu Lebzeiten das Schwarze von AMMUT fressen zu lassen, indem man MA'AT und ‚Herz' wieder selbst durch entsprechende Korrektur der Absicht ins Gleichgewicht bringt und danach handelt, um Finsternis in Licht zu verwandeln bzw. Energie fließen zu lassen, zu leben, begeistert zu sein. Deshalb frage man sich in seinen sexuellen Beziehungen immer: Bringen sie die Wärme, das Licht, Leichtigkeit und Freude oder Krankheit, Hass und Angst (z.B. Herzklopfen, d. V.). (Cayce)

Lieben / Leben heißt: Glücklich sein mit ... (Huna)
Ein anderes scharfes Schwert ist die wirtschaftliche Existenz (Armut tötet!). Jedoch hüte man sich davor, beide Schwerter zu kreuzen, denn dann begibt man sich vorsätzlich ins Ungleichgewicht.
Göttin und Gott sind so gesehen Parallelwelten, die mittels der **Schöpfungskraft** (Energie / Chi / Lebenskraft etc.) ineinander übergehen. Ihr harmonisches Miteinander (MA'AT) ist die Basis für das Paradies auf Erden. Aber das Paradies auf Erden ist seit Anbeginn ständig bedroht und muss von uns mit Hilfe der Unterwelt, dem Unbegrenzten, in der Finsternis, aktiv immer wieder neu hergestellt werden. Deshalb ist unsere Traumwelt so wichtig. Im Traum können wir selbst aktiv das Geschehen beeinflussen. Wenn wir uns beim Träumen bewusst sind, dass wir träumen, können wir in den Traum eingreifen.
Die **Schlange** ist, wie bereits erwähnt, das **Symbol für Schöpfungskraft** (Lebenskraft, Energie, Chi, etc.). Im alten Ägypten ist es die sich in den Schwanz beißende Uroborosschlange; ein Symbol, das aussieht wie das Unendlichkeitszeichen in der Mathematik, womit ausgesagt wird, das diese Energie unendlich, unbegrenzt, ewig ist. Jedoch ist zu bedenken, dass die Lebensenergie / Schöpfungskraft zwar ewig und unbegrenzt ist, aber als Mittler zwischen Göttin und Gott in ihrer Eigenschaft und Wirkung wandelbar und beweglich. So kann sich, wie aus dem Feng Shui bekannt ist, beispielsweise das Chi langer gerader Flure oder von Ecken und Kanten in Shar Chi, in den 'tödlichen Hauch' verwandeln. Deshalb muss das Chi / die Schöpfungskraft bzw. Lebens-energie von uns gelenkt werden.
Erscheint einem im Traum beispielsweise eine schwarze

Schlange, dann kann eine Blockierung der Energie (Lebenskraft) drohen, ein Ungleichgewicht zur Ausgleichskraft, und man muss möglicherweise seine ‚innere Entscheidung' (Absicht) ändern, um den Frieden seiner Seele wieder herzustellen und sich wieder wohl zu fühlen, die Energie wieder ins Fließen zu bringen.

Das Schwarze ist im Traum ein Fingerzeig für das Verhältnis zum Unbekannten (Jenseitigen, Zukünftigen, Abgründigen, Unbegrenzten, etc.), zur Unterwelt. Es gibt Hinweise über das Verhältnis zu der im Verborgenen wirkenden Ausgleichskraft. Demzufolge können wir das Schwarze als Ratgeber für das, was uns geschickt wird benutzen, um es ggf. rechtzeitig abzuwenden. Doch die Große Göttin regiert die Unterwelt, deshalb braucht man keine Angst zu haben, denn:
„»Wer auf die Sonne schaut, dem erschließt sich das Wesen der Finsternis«, heißt es in Spruch 115 des Totenbuches ...". (Hornung, S. 107) „Wenn das Tor des Horizonts sich öffnet, fällt der Blick in die Tiefe der Welt. Dort brennt das Feuer, das vernichtet und zugleich erneuert, das die Sonne zu neuer Leuchtkraft entzündet. Die regenerierenden Kräfte dieser Tiefe sind unverzichtbar. Wer sich ihnen anvertraut, findet helfende Arme; er kann nicht zugrunde gehen, denn die Finsternis trägt ihn." (Hornung, S. 107)

Im Unbegrenzten, in der Unterwelt, in der Finsternis regeneriert sich der Mensch mit Hilfe der Götter, sofern er sich ihnen anvertraut. Er erhält dann wertvolle Hinweise für die Bewältigung des Schicksals.

> „Urgewässer und Urfinsternis waren schon vor der Schöpfung, aber sie sind keine fernen Horizonte, sondern zum Greifen nahe; das ‚dunkle' Wasser der Nilüberschwemmung kommt ebenso von dort wie die nächtliche Dunkelheit, und der Schläfer taucht hinab in Tiefen, in denen er Göttern und Verstorbenen begegnet. Mitten in der ... vertrauten Welt erscheint das Unvertraute ... dauert der Schöpfungsprozeß an, wirkt das Unbegrenzte heilend und bedrohend." (Hornung, S. 87)

So kann sich das Schwarze bzw. Dunkle im Traum auf die Zukunft oder die Vergangenheit beziehen, die eigene Person oder eine andere Person betreffen, positiv oder negativ für die eigene oder eine andere Person, die mit einem selbst in irgendeiner Beziehung steht, sein. Man achte deshalb auf die mit den Traumbildern einhergehenden Gefühle. Das Schwarze bezieht sich aber immer auf etwas Jenseitiges (Zukünftiges oder Vergangenes), das ins Diesseits, in die Gegenwart hineinwirkt. Mit ‚Jenseitiges' sind auch unsere Leiden gemeint, da sie niedrige Freqenzen haben. Je niedriger die Frequenz der negativen Emotion, desto jenseitiger wird sie. Je höher die Frequenz der Emotion, desto diesseitiger, lebendiger sind wir.

Welchen Einfluss in meinem Fall, in einem Zustand tiefer gesundheitlicher Krise, beispielsweise der bewusste Einsatz eines bannenden Pentagramm beim Wiederherstellen des Paradieses in der Unterwelt auf die Richtung der Lebensenergie / Schöpfungskraft hatte, lässt sich aus den folgenden Beispielen aus meinem Traumtagebuch, das Schwarze betreffend, entnehmen:

Apfelkern-Pentagramm (Symbol der Göttin Venus)

Die Große Göttin führt mich durch die Unterwelt

7. März 2003
Traum: Eine Finsternis umgibt mich. Inmitten der **Dunkelheit** sehe ich **Feuer**. / *Ich bin in einem großen Zimmer. Es ist Nacht. Meine Mutter liegt da im Bett, ich sitze (liege, stehe) daneben. Ein* **schwarzer kleiner Spatz** *fliegt zu mir. Das Fenster ist offen.* **Schnee** *fällt herein. Ich mache das Fenster zu.*
Deutung: Am 8. März wäre der Geburtstag meiner Mutter gewesen. Meine Eltern sind jedoch bereits vor Jahren gestorben. Der schwarze Spatz bezieht sich daher auf eine Seele aus dem Jenseits. Die KA-Seele meiner Mutter besucht mich. Meine Mutter will die Verbindung zwischen uns wieder aufnehmen. Ich will keine Verbindung mehr.

1. Februar 2004
(Die ganze Nacht auf den 1. Februar brennt zu Ehren der Göttin Brigida eine Kerze) *Traum: Eine* **schwarze Gestalt** *liegt bei Kerzenlicht in meinem Zimmer neben mir im Bett. Ich stehe aus dem Bett auf, stelle mich daneben und sehe sie verwundert an.*
Deutung: In einer ‚Out of Body Erfahrung' sehe ich, dass etwas Jenseitiges bei mir ist und von mir Besitz ergriffen hat, bzw. dass ich von etwas Jenseitigem (Schwarzem) beherrscht werde.

3. Februar
Traum von meinen Verwandten (Lebende und Tote): Meine Tante sitzt links, mein Cousin mir gegenüber, mir zugewandt, mein Bruder mit dem Rücken zu mir, meine Mutter in der Mitte und hält ein durchsichtiges **Hemd mit schwarzen persischen Schriftzeichen** *als Muster und einen Zettel in der Hand (Brief, Schreiben, Vertrag?) und zu mir hin.* Und dann war da gleichzeitig das deutliche Gefühl, dass etwas Böses neben mir im Bett ist.
Deutung: Meine Mutter ist wütend darüber, dass ich einen

persischen Mann („Hemd mit schwarzen persischen Schriftzeichen') geheiratet (Zettel, Vertrag) habe, der ihrer Meinung nach ungeeignet („durchsichtig') ist und warnt mich vor einer Zukunft mit ihm.

16. Februar
*Traum: Eine Kerze wird ausgeblasen. Persische Frauen im **schwarzen Chador** laden ihr Gerümpel bei mir ab (alte Kleider usw.).*
Deutung: Der 'schwarze Chador' bezieht sich auf meine angeheirateten persischen weiblichen Verwandten, die ihre Nöte, Sorgen und Ängste (Gerümpel) bei mir abladen bzw. mich für ihre Nöte, z. B. über die Abwesenheit ihres Bruders / Sohnes, der bei mir in Deutschland wohnt, verantwortlich machen.
Ereignis: Tatsächlich stirbt im Juni desselben Jahres meine persische Schwiegermutter.

19. Februar
*Traum: Ich ziehe **schwarze, spitze Pfeile** aus meinem Fleisch.*
Deutung: Ich werde mich von einer Krankheit befreien. Die 'schwarzen, spitzen Pfeile' sind die Anfeindungen meiner Mutter ebenso wie die meiner angeheirateten Verwandten, die mich für ihre Nöte verantwortlich machen.

14. Mai
*Traum: Ich schlafe, weil ich so müde bin, in der Halle, in der ich normalerweise Bauchtanz unterrichte. Eine **schwarze Gestalt** neben mir weckt mich auf und gibt mir meinen blauen Übungsdress. Ich will wieder tanzen.* Ich habe dabei das deutliche Gefühl gehabt, ein dunkler Schleier wird von mir genommen, der mich gelähmt hat.
Deutung: Bestätigung für einen Genesungsvorgang. Von diesem in meinem Innern tobenden Konflikt zwischen der Verwandtschaft bin ich ganz müde. Aber: nicht alle 'schwarzen Gestalten' sind böse, es gibt auch Helfer im Jenseits.

17. Mai
*Traum von einem **schwarzen Meer**, indem ich schwimme, zusammen mit Musikern, die Musik machen. Haie schwimmen darin herum. Ich rette einen **schwarzen Hund** vor dem Ertrinken und warne zwei Frauen vor den Haien, sodass sie rechtzeitig ans Ufer kommen.*
Deutung: Das 'schwarze Meer' bezieht sich in diesem Fall auf die Zukunft, die besser wird (Musiker, die Musik machen). Der ‚schwarze Hund' ist meine Loyalität zu meinem Ehemann, die in Zukunft wieder hergestellt sein wird.

22. Mai
*Traum: Ich sehe mich mit einem **schwarzen durchsichtigen Kopftuch**. Wir sind verreist. Mein Vater ist woanders hin gereist.*
Deutung: Obwohl mein Vater gestorben ist, bin ich auch in Zukunft (‚schwarz') von meinem ungeeigneten (‚durchsichtigen') Ehemann behütet (Kopftuch = Bedeckung).

25. Mai.
*Traum: Ich stehe **nachts** vor einem offenen Grab, das ein **schwarzes Rechteck** ist. Ich sage: „die Schwarze ist wieder da" (gemeint ist die schwarze Gestalt aus dem Traum vom 1.2.04) und wache schweißgebadet auf.*
Deutung: Ich habe Angst vor dem KA meiner Mutter, die mich, wie ich meine, zu sich ins Jenseits holen will.
Ereignis: Tatsächlich bezieht sich das 'offene Grab' aber auf den nahen Todesfall meiner Schwiegermutter.

16. Juni
*Traum: Eine **schwarze Schlange** kommt auf mich zu, will mich beißen. Ich stoppe sie mit meinem Willen (eine helle Nebelwand, die sich vor mir aufbaut) ab. Die Schlange wendet sich ab und schlängelt davon.*
Deutung: Mein Immunsystem (Abwehrkraft, Energie) ist in Gefahr. Die 'schwarze Schlange' symbolisiert die zunehmend

blockierte Lebenskraft.
Ereignis: Ich suche einen Arzt auf.

26. August
*Traum von einer **schwarzen Nebelwand**, die mich aus einem großen See heraus anspringt.*
Ereignis: Tatsächlich ereignet sich vier Monate später, am Tage meines Geburtstags, ein gigantisches Unglück (Ein Tsunamie tötet Hunderttausende in Indonesien).
Ich bin, bis auf die Tatsache, dass das Unglück an meinem Geburtstag stattfindet, nicht betroffen. Das Schwarze, das vom See auf mich zukommt, bedeutet in diesem Fall, dass einem / einer See ein Unglück ereilt. Offenbar war meine Körperschwingung auf derselben tiefen Wellenlänge wie die Frequenz dieses Unglücks, wodurch es seine Schatten in mein Unterbewusstsein hinein voraus werfen konnte.

28. September
*Traum von einer Verfolgungsjagd, der ich mit knapper Not entkomme: Man bewirft mich mit **Feuer**, aber ich kann mich in einen **Schneehaufen** stürzen und verbrenne nicht.*
Deutung: Diesmal repräsentiert das ‚Feuer' die schwarze Magie, der ich entkomme.
Ereignis: Tatsächlich stärkt ein Kefirpilz (ein echter kaukasischer Kefirpilz sieht so ähnlich aus wie ein Miniatur-Schneehaufen), den ich von einer Bekannten erhalte, meine Gesundheit.

1.November
Traum von der Estonia, ein Schiff, das vor Jahren gekentert ist. Ich will eine Familie retten. Es geht aber nicht.
*Dann fahre ich wieder hinaus auf das Meer und eine **schwarze Seeschlange** beißt mich. Ich reiße sie wieder los von mir. Ein Hai umkreist das Paddelboot. Ich nehme jemanden im Seegelboot mit. Aber das Boot kentert, ich schwimme zum Ufer.*
Deutung: Die ‚Estonia' steht im Traum für meine verstorbene Mutter. Meine Krankheit (Konflikt) erscheint im Traum als

schwarze Schlange, und ist meine eigene Abwehrkraft (Schöpfungskraft, Energie), die sich gegen mich selbst richtet und mein Organ angreift. Da Krankheit Protest ist, bedeutet der Traum, dass ich zu Unrecht protestiere *(‚ich kriege die Schlange wieder weg von mir')*. Folglich ist meine Realitätswahrnehmung gestört *(‚jemand ist im Seegelboot, den ich mitnehme')*. Es sind also nicht meine Gedanken, die meine Seele zum Protest veranlassen. Ich gehe von ‚falschen Voraussetzungen' *(‚das Boot kentert')* aus. Ich kann mich aber davon selbst befreien *(‚schwimme zum Ufer')*.

23. November
*Traum von einem **dunklen Wasser**, aus dem ich aber trockenen Fußes entkomme, weil mich ein Boot, das mein Ehemann mir schickt, ans Ufer bringt.*
Deutung: Ich habe mich besonnen, den inneren Widerstand aufgegeben und halte wieder zu meinem Ehemann, deshalb kann ich dem Jenseitigen entkommen und bin gerettet.

18. Dezember
*Traum: Ich sehe weiße Tauben und **schwarze Vögel**. Die schwarzen Vögel wohnen in der Wohnung meiner Kindheit, in meinem Kinderzimmer.*
Deutung: Die krankmachenden Ängste und Gedanken kommen aus dem Jenseits (meiner Vergangenheit), von der schwarzen Magie in meiner Kindheit, während die weißen Tauben auf die gegenwärtige Liebe, die mir zuteil wird, hinweisen.

23. Dezember
Vor dem Zubettgehen, um mich vor den negativen Einflüssen des KA meiner Mutter, die meinen Ehemann ablehnt, ebenso wie vor den Anfeindungen meiner angeheirateten Verwandtschaft, zu schützen, habe ich ein bannendes Pentagramm aus Kieselsteinen unter meinem Bett ausgelegt und mit Licht aufgeladen. Nachts habe ich einen:
Traum von einer mir fremden blonden Frau, die sauber macht und die Steine unter meinem Bett wegfegt, mir in die Hand

gibt. Wir unterhalten uns.
Deutung: Verblüfft sinniere ich über den Traum nach. Dann fällt mir ein, dass ich das Pentagramm falsch herum ausgelegt habe.

24. Dezember
Das Pentagramm habe ich diesmal unter dem Bett mit der Spitze zur anderen Seite, mit der Öffnung nach Norden, hin ausgerichtet.
Traum von einer geglückten Flucht im Heuwagen, nach einer wilden Schießerei mit **schwarz gekleideten Geschäftspartnern** *im Diamanthandel. Eine fremde blonde Frau nimmt uns (meinen Mann, meinen Sohn und mich) im Morgenlicht auf einer wunderschönen geraden, mit grünen Bäumen umsäumten Landstraße über die Grenze mit. Wir kommen in einem geräumigen, sauberen Hotelzimmer mit perfekt gemachten Betten unter.*
Deutung: Ich bin mit Hilfe der Großen Göttin dem in der Unterwelt tobenden Konflikt entkommen und bin wieder im Einklang mit dem Leben, mit der Kraft, die ausgleicht, in Sicherheit.
Ereignis: Ich fühle mich wieder wohl und bin in Frieden mit meiner Seele.

Nachwort

Lucius Apuleius, Altersgenosse Kaiser Marc Aurels und Eingeweihter in die Mysterien des Isis-Kults, richtet in seinem Roman 'Der goldene Esel' seine Worte direkt an seinen zeitgenössischen Leser und berichtet vom Innersten des Heiligtums:

„So höre denn und glaube was wahr ist! - Ich nahte mich der Grenzscheide zwischen Leben und Tod und schritt über Proserpinas Schwelle, ich fuhr durch alle Elemente und kehrte zurück, ich erschaute um Mitternacht der Sonne weißes Licht, ich sah die Götter des Himmels und der Unterwelt von Angesicht zu Angesicht und verneigte mich vor ihnen. - Das ist es, was du nun wohl gehört hast, aber nicht ermessen kannst."
(Apuleius, Der goldene Esel, S. 244)

Ja es ist wahr! Ich kann es bezeugen.

Shakti Morgane

Anhang

Schutzschild-Lichtmeditation

Sprich den nachfolgenden Text (vgl. Harbour, 1998) auf eine Kassette oder CD und fülle die Zwischenräume (Absätze) mit leiser besinnlicher Musik auf.
Lege dich in Rückenlage auf den Boden oder das Bett. Entspanne dich, atme ruhig ein und aus. Schließe deine Augen und wende den Blick nach innen.

Atme langsam und tief ein und aus. Übe dies eine kleine Weile.

Jetzt fängst du an, dir mit geschlossenen Augen deine unmittelbare Umgebung vorzustellen. Wenn du gerade im Wohnzimmer ruhst, rufe dir mit geschlossenen Augen das Bild deines Wohnzimmers ins Gedächtnis. Nun verlasse in Gedanken den Ort deines Wohnzimmers. Atme weiter langsam aus und ein...

Stell dir vor, dass du mit deinem Dritten Auge zwischen deinen Augenbrauen einen Ort siehst, der für dich der Inbegriff von Ruhe und Erholung ist. Nimm dir Zeit deinen Ort zu finden. Vielleicht eine Wiese, einen Tempel, am Strand eines Meeres ... Wenn das Bild zu dir kommt, halte es fest und betrachte es...

„Ich gehe in meinen Ort hinein. Ich spüre wie wohl ich mich darin fühle, ich fühle den Boden unter mir, ich nehme das Licht und den Geruch wahr. Allmählich erkenne ich, dass sich in der Mitte eine Achse erhebt, eine Säule, die sich aus dem Boden erhebt und hinauf in den Himmel ragt. Diese Säule ist das Zentrum meines Selbst, der Lebensbaum in meinem Innern, der mich in der Erde verwurzelt und zugleich mit dem Himmel der Spiritualität hoch über mir verbindet. Ich sehe mir diese Säule genau an, sie ist dicker als eine hundertjährige Eiche. Sie wirkt ungemein solide und vertrauenswürdig, doch nun erkenne ich, mein Lebensbaum leuchtet wie ein turmdicker Sonnenstrahl, er scheint massiv wie uraltes Holz zu sein und besteht doch aus schierer Energie, aus weißem Licht, das stark und gemächlich pulsiert.

Ich trete näher an meine Lichtsäule heran, ich gehe in meine Lichtsäule hinein. Ich mach mir bewusst, wie ich in den senkrechten Lichtschacht eindringe und wie die Strahlen zugleich meinen Körper sanft durchdringen. Ich öffne meinen Mund, breite meine Arme aus, spüre wie die Strahlen meine Aura massieren, wie beide sich knisternd und prickelnd vermischen und meine Aura so strahlend wie das Licht der Säule wird.

Ich sehe wie meine Aura sich fließend bewegt, wie ihre einzelne Farbe strahlend, voller Glanz und ausdrucksvoller wird.
Ich fühle wie meine Aura sich ausdehnt. Ich ertaste sie nun mit meinen geistigen Fingern, ich messe ihren Umfang und Kontur. Ich mache mir bewusst, dass meine Aura von ovaler Form ist, wie ein großes Ei – in dem ich stecke.
Ich fahre nun mit meinen Händen sorgsam überall auf meiner Aura entlang. Und mit meinem geistigen Auge bemerke ich vielleicht irgendwo eine Stelle, an der die Energie weniger fließt oder gar stockt, oder eine Stelle, die von einer matten Farbe oder gar schwarz ist.
Ich untersuche solche Stellen mit besonderer Sorgfalt und massiere meine Aura mit meinen geistigen Fingern bis sie wieder eine leuchtende Farbe annimmt. Ich streiche meine Aura nun mit meinen geistigen Fingern. Ich stelle mir vor, dass sie aus Energiefäden besteht, aus einem Gewebe reinen Lichts, das mich von Kopf bis Fuß umhüllt. Ich ziehe dieses Gewebe behutsam auseinander, erprobe wie weit es sich ausdehnen lässt und bring es in die Form, die mir am meisten zusagt. Ich mach mir bewusst, dass meine Aura durch jede

Berührung in dieser Lichtsäule durch meine Hände an Vitalität und Strahlkraft gewinnt. Ich sage mir mehrfach laut oder im Stillen „Ich bin gegen jeden psychischen Angriff gewappnet. Einzig positive Energien dringen durch mein Schutzschild." Ich wiederhole diesen Satz solange, bis ich vollkommen sicher bin, dass mein energetischer Schutzschild zuverlässig alle negativen psychischen Energien abschirmt.

Ich empfinde das Bedürfnis mich noch stärker zu wappnen. Ich beobachte die Außenfläche meiner Aura und sehe wie diese glasklare Fläche allmählich kristallisiert, wie Wasser, das langsam zu Eis gefriert. Meine Aura ist nun so durchsichtig wie zuvor, aber niemand kann sie mehr ohne mein Einverständnis durchdringen. Ich befinde mich in einem unzerstörbaren Oval aus Lichtkristall. Eingehüllt in meine eiförmige Aura befinde ich mich noch immer im Innern meines energetischen Lebensbaums, meiner Säule aus reinem Licht.

Diese Lichtsäule verlasse ich nicht, ohne Kontakt mit meinem Höheren Selbst (mein Anteil an der universellen Schöpfungskraft) aufgenommen zu haben. Ich mache mir bewusst, dass ich nun ganz langsam in meiner Lichtsäule empor schwebe.

Diese Energieachse im Zentrum meines Selbst verbindet mich mit der materiellen Welt und zugleich mit den Ebenen meiner spirituellen Existenz. Ich spüre, wie ich in der Lichtachse immer weiter aufwärts schwebe, bis ich ganz oben angekommen bin. Ich erlebe wie ich für einen Augenblick mit meinem Höheren Selbst verschmelze, das gleich einer Sonne für mich strahlt. Hier oben ist die ganze Welt unter mir verschwunden und ich bin glücklich. Ich bedenke in Demut, dass mein Höheres Selbst ungleich mächtiger und weiser ist, als das kleine Ich, dass mir normalerweise bewusst ist. Es ist meine

Verbindung zur Weisheit der Schöpfung Gottes (oder wie immer du dieses kosmische Urprinzip nennen möchtest). Es symbolisiert meine Unsterblichkeit. Durch mein Höheres Selbst habe ich an der universellen Energie teil. Und solange ich mit dieser Energie in Verbindung stehe, verfüge auch ich über unerschöpfliche Energiereserven und bin zu außerordentlichen Taten und Einsichten fähig. Ich bitte diese Sonne meines Höheren Selbst um Gleichgewicht in meinem Leben und darum, auch weiterhin für mich zu strahlen und mit mir in Kontakt zu bleiben. Ich danke meinem Höheren Selbst für seine Gegenwart.

Jetzt löse ich mich langsam wieder von meinem Höheren Selbst und spüre wie ich in der Lichtsäule wieder wie eine Feder abwärts schwebe.

Wenn ich auf dem Boden meiner Lichtachse angelangt bin, vergewissere ich mich noch einmal, dass meine Aura intakt ist, strahlend und vor Energie pulsiert. Ich bin in Sicherheit. Ich habe die Weisheit meines spirituellen Selbst gespürt. Nichts und niemand kann mir meine Energie rauben. Ich lasse nun auf meiner Aura in meiner Vorstellung lauter Lichtstacheln (wie bei einem Igel) wachsen. Ich stelle mir diese Stacheln lang, spitz und scharf vor. Mit diesen Stacheln kann ich alles Dunkle, das mich bedroht, aufspießen.

Danach stelle ich mir noch einmal vor, dass meine Aura aus Panzerglas ist und nur positive Energien durchlässt. Dann ziehe ich meine Aura nah an meinen Köper heran und trete aus meiner Lichtsäule heraus, ich durchquere meinen glückbringenden Ort und kehre langsam in die äußere Wirklichkeit zurück.

Ich öffne jetzt meine Augen."

Ruhe dich noch ein wenig aus, indem du an nichts denkst und einfach entspannst bis du deinen Alltag wieder aufnehmen möchtest.

Dauerkalender
Energiequalitäten im Jahresverlauf

MÄRZ – **FRÜHLING** – Chi / Lebenskraft: Der Friede

1	
2	
3	
4	
5	
6	
7	
8	
9	
10	
11	
12	
13	
14	
15	

MÄRZ – **FRÜHLING** – zunehmendes Yang

16	
17	
18	
19	
20	
21	Ostara
22	
23	
24	
25	
26	
27	
28	
29	
30	
31	

APRIL- **FRÜHLING** – Chi / Lebenskraft: des Großen Macht

1	
2	
3	
4	
5	
6	
7	
8	
9	
10	
11	
12	
13	
14	
15	

APRIL – **FRÜHLING** – zunehmendes Yang

16	
17	
18	
19	
20	
21	
22	
23	
24	
25	
26	
27	
28	
29	
30	

MAI – **FRÜHLING** – Chi / Lebenskraft: der Durchbruch

1	Beltane
2	
3	
4	
5	
6	
7	
8	
9	
10	
11	
12	
13	
14	
15	

MAI – **FRÜHLING** – Yang

16	
17	
18	
19	
20	
21	
22	
23	
24	
25	
26	
27	
28	
29	
30	
31	

JUNI – **SOMMER** – Chi / Lebenskraft: das Schöpferische

1	
2	
3	
4	
5	
6	
7	
8	
9	
10	
11	
12	
13	
14	
15	

JUNI – **SOMMER** – zunehmendes Yin

16	
17	
18	
19	
20	
21	Litha
22	
23	
24	
25	
26	
27	
28	
29	
30	

JULI – **SOMMER** – Chi / Lebenskraft: das Entgegenkommen

1	
2	
3	
4	
5	
6	
7	
8	
9	
10	
11	
12	
13	
14	
15	

JULI – **SOMMER** – zunehmendes Yin

16	
17	
18	
19	
20	
21	
22	
23	
24	
25	
26	
27	
28	
29	
30	
31	

AUGUST – **SOMMER** – Chi / Lebenskraft: der Rückzug

1	Lammas
2	
3	
4	
5	
6	
7	
8	
9	
10	
11	
12	
13	
14	
15	

AUGUST – **SOMMER** – zunehmendes Yin

16	
17	
18	
19	
20	
21	
22	
23	
24	
25	
26	
27	
28	
29	
30	
31	

SEPTEMBER – **HERBST** – Chi / Lebenskraft: die Stockung

1	
2	
3	
4	
5	
6	
7	
8	
9	
10	
11	
12	
13	
14	
15	

SEPTEMBER – **HERBST** – zunehmendes Yin

16	
17	
18	
19	
20	
21	Mabon
22	
23	
24	
25	
26	
27	
28	
29	
30	

OKTOBER- **HERBST** – Chi / Lebenskraft: die Betrachtung

1	
2	
3	
4	
5	
6	
7	
8	
9	
10	
11	
12	
13	
14	
15	

OKTOBER – **HERBST** – zunehmendes Yin

16	
17	
18	
19	
20	
21	
22	
23	
24	
25	
26	
27	
28	
29	
30	
31	

NOVEMBER – **HERBST** – Chi / Lebenskraft: die Zersplitterung

1	Samhain
2	
3	
4	
5	
6	
7	
8	
9	
10	
11	
12	
13	
14	
15	

NOVEMBER – **HERBST** – Yin

16	
17	
18	
19	
20	
21	
22	
23	
24	
25	
26	
27	
28	
29	
30	

DEZMBER – **WINTER** – Chi / Lebenskraft: das Empfangende

1	
2	
3	
4	
5	
6	
7	
8	
9	
10	
11	
12	
13	
14	
15	

DEZEMBER – **WINTER** – zunehmendes Yang

16	
17	
18	
19	
20	
21	Jul
22	
23	
24	
25	
26	
27	
28	
29	
30	
31	

JANUAR – **WINTER** – Chi / Lebenskraft: die Wiederkehr

1	
2	
3	
4	
5	
6	
7	
8	
9	
10	
11	
12	
13	
14	
15	

JANUAR – **WINTER** – zunehmendes Yang

16	
17	
18	
19	
20	
21	
22	
23	
24	
25	
26	
27	
28	
29	
30	
31	

FEBRUAR – **WINTER** – Chi / Lebenskraft: die Annäherung

1	Imbolc
2	
3	
4	
5	
6	
7	
8	
9	
10	
11	
12	
13	
14	
15	

FEBRUAR – **WINTER** – zunehmendes Yang

16	
17	
18	
19	
20	
21	
22	
23	
24	
25	
26	
27	
28	
29	

Mit der Göttin verbinden - Vollmondritual

Wenn der Mond aufgegangen ist: Gehe zum Fenster oder in den Garten oder auf den Balkon, hebe die Arme, konzentriere Dich auf Deinen Zauberstab, Deinen Zeigefinger oder Deine Handflächen, sieh den Mond an und begrüße ihn:
Sei willkommen Göttin[4] in dieser Nacht!
Stärke mein Wandeln mit Energie zum Handeln.
Schenk mir den Zauber, an den ich gedacht.
(z.B. Durchsetzungskraft für ein Vorhaben, Hilfe für eine Heilung, Freude für deinen Alltag, je nach dem was Du brauchst, denke es Dir selbst aus)
Warte andächtig ab und fühle die Energie, die durch Deinen Zauberstab oder Zeigefinger in Deine Arme fließt, lege Deine Hände übereinander auf Dein Herzchakra und visualisiere wie die Energie über Deine Hände ins Herzchakra fließt. Erde Dich und verweile einen Moment. Danke der Göttin, indem Du Deine Hände mit den Handflächen zusammen legst und bei geschlossenen Handflächen mit den Fingerspitzen Dein Drittes Auge berührst. Verneige Dich ehrfurchtsvoll. Dann gehe an Deinen Lieblingsplatz oder vor Deinen Altar, treufle einen Tropfen ätherisches Öl (Lieblingsduft!) auf einen Kristall. Vielleicht möchtest Du leise Meditationsmusik im Hintergrund abspielen. Nun ziehe mit der Energie aus dem Mondlicht um Dich herum den magischen Kreis. Begib Dich in Deine Meditationshaltung. Atme tief und ziehe Dich langsam mit jedem Atemzug tiefer in Dich zurück bis Du ruhig und entspannt bist.

Visualisiere vor Deinem inneren Auge Deinen glückbringenden Ort oder inneren Garten (ganz nach Deiner Fantasie), schaue Dich dort um und erkunde den Ort genauer. Irgendwo entdeckst Du eine Lichtung oder runden Platz oder Steinkreis in dessen Mitte ein Baum steht oder ein Feuer

---

[4] Hier kannst Du den Namen Deiner Lieblingsgöttin einsetzen. Die Göttin ist überall im ganzen Universum und in uns selbst. Der Mond ist eine der Erscheinungsformen der göttlichen Kraft, der traditionell stellvertretend für das Ritual benutzt wird.

brennt oder ein Brunnen sprudelt. Links davon ist eine Bühne oder Podest mit einem schwarzen Vorhang und silbernen Mond. Gehe auf den Vorhang zu. Der Vorhang öffnet sich, du trittst hindurch in eine unbegrenzte Weite und hinter dir schließt sich der Vorhang. Du schaust dich um. Du kannst die Anwesenheit der Göttin spüren. Du kniest nieder und verbeugst dich in tiefer Demut. Du bittest nun die Göttin um Hilfe für dein Anliegen. Die Göttin segnet dich und du dankst ihr für ihren Segen, Du verabschiedest dich, erhebst dich und drehst dich langsam um und öffnest die Hände. Vor dir öffnet sich gleichzeitig der Vorhang und du gehst wieder hindurch zurück in den Ort, aus dem du gekommen bist. Dort angekommen blickst du eine Weile alles genau an, bis du irgendetwas siehst, das für Dich bestimmt ist. Es ist vielleicht ein Gegenstand, ein Symbol oder vielleicht eine Person, ein Tier oder eine Pflanze. Was es auch ist, es dient Dir bei Deinem Vorhaben. Du nimmst es dankbar an. Ein Symbol befestigst Du irgendwo an Deinem Körper, einen Gegenstand, eine Pflanze oder einen Stein nimmst Du an Dich, eine Person nimmst Du vertrauensvoll an die Hand, ein Tier bittest Du Dich zu begleiten. Verlasse nun langsam den Ort und komme allmählich wieder zurück in die Gegenwart. Atme mehrmals tief durch und öffne die Augen.
Vergewissere Dich Deiner Umgebung bis Du wieder ganz wach bei Dir selbst bist. Stehe auf und öffne den magischen Kreis.
Denke nun nicht weiter darüber nach, vergiss es und nimm Deinen Alltag wieder auf.
(Das Ganze soll nicht länger als 15 Min. dauern.)

Literatur
Ascher, Ulrike: Magisches Entrümpeln, München 2004
Blair, Nancy: Göttinnen für jede Jahreszeit, München 1997
Castaneda, Carlos: Das Feuer von innen, Frankfurt am Main 1985
Castaneda, Carlos: Die Kunst des Pirschens, Frankfurt am Main 1981
Cayce, Edgar: Über Sexualität und Erleuchtung, München 1980
Crowley, Vivianne: Wicca, Neuhausen 2001
Cunningham, Scott: Wicca, München 2001²
Davis, Patricia: Aromatheraphie und Chakren, München 1993
Eurobooks: Heilen mit Steinen, Limassol 1999
Golowin, Sergius: Das Reich des Schamanen, München 1989
Golowin, Sergius: Die weisen Frauen, München 1989
Hark, Helmut: Träume als Ratgeber, Reinbek 1986
Harbour, Dorothy: Achtung, Energie-Vampire, München 2000³
Hodosi, Oskar: Licht Tantra, München 1996
Hornung, Erik: Geist der Pharaonenzeit, München 1992
Johnson, Richard L.: Ich schreibe mir die Seele frei, Freiburg 1995³
Kolland, Karin: Intuitives Reiki, Gleisdorf 2003
Kraus, Michael: Ätherische Öle für Körper, Geist und Seele, Gaimersheim 1992
Murphy, Dr. Joseph: Die Macht Ihres Unterbewußtseins, Genf 1987
Parker, Alice: Träume als Schlüssel zum Selbst, München 1998
Plack, Arno: Die Gesellschaft und das Böse, Frankfurt/M.1991
Shah, Idries: Magie des Ostens, Basel 1994
Shakti Morgane: Orientalischer Tanz und Ekstase – der weibliche Weg zum ‚magischen Feuer', Berlin 2000²
Shakti Morgane: Tarot. Der Schlüssel zur Magie. Norderstedt 2002
Shakti Morgane: Tarot-Geister rufen, Norderstedt 2009
Shakti Morgane: Die Richtung der Kraft, Norderstedt 2006
Sharamon, Shalila; Baginski, Bodo J.: Das Chakra-Handbuch, Aitrang 1992[17]

Singer, Claire: Das große Buch der Hexen, Wien 2000
Starhawk, Der Hexenkult als Ur-Religion der Großen Göttin, München 1992
Too, Lilian, Feng Shui total, München 2004
Ulmer-Janes, Eva: Schamanisch Reisen in der Tradition der hawaiianischen Kahunas, Wien 1999 (CD)